Frauenfiguren im dramatischen Werk Heiner Müllers

von

Alexandra von Hirschfeld

Tectum Verlag
Marburg 1999

Die Deutsche Bibliothek - CIP-Einheitsaufnahme

von Hirschfeld, Alexandra:
Frauenfiguren im dramatischen Werk Heiner Müllers
/ von Alexandra von Hirschfeld
- Marburg : Tectum Verlag, 2000
ISBN 978-3-8288-8087-0

© Tectum Verlag

Tectum Verlag
Marburg 1999

Inhaltsverzeichnis

Einleitung 3

1.Teil: Reale Frauenfiguren 13

1.1. DER LOHNDRÜCKER (1956) - Die Frau als Gehilfin des Mannes 15
1.2. DIE KORREKTUR (1958) - Gleichberechtigung als sozialistisches Fundament 17
1.3.1 DIE BAUERN - Die Frau als Startloch 22
1.3.2. Unkonventionelle weibliche Sinnlichkeit 28
1.4. DER BAU - Das erwachende weibliche Selbstbewußtsein 31

2. Teil: Mythologische Frauenfiguren 35

2.1. ZEMENT - Weibliche Metamorphose: Von der Hausfrau zur Revolutionärin 37
2.1.1. Befreiung der weiblichen Sexualität 40
2.1.2. Männlichkeitsweihe durch Todeserfahrung 42
2.1.3. Der Kampf mit der Hydra: Symbolischer Muttermord 48
2.2. MEDEASPIEL - Rollenzerreißung und vaginale Todesdrohung 54
2.3. VERKOMMENES UFER MEDEAMATERIAL LANDSCHAFT MIT
ARGONAUTEN - Auflösung der Geschlechter 59
2.4. HAMLETMASCHINE - Tod den Müttern 67
2.4.1. Zerstörung des Schoßes 70
2.4.2. Überschreitung der Geschlechtergrenzen 73

3. Teil: Frau als Metapher 83

3.1.1 GERMANIA TOD IN BERLIN - Radikalisierung des Mutterbildes 83
3.1.2 Die Frau als National-Allegorie 86
3.2. LEBEN GUNDLINGS FRIEDRICH VON PREUSSEN LESSINGS
SCHLAF TRAUM SCHREI - Tötende Mutter versus tötender Vater 97
3.4. QUARTETT - Tödliches Verwirrspiel der Geschlechter 103
3.5. DER AUFTRAG - Verräterische Weiblichkeit 108

Schlußwort 115

Literaturverzeichnis 125

1. Primärliteratur 125
2. Sekundärliteratur 126
3. Interviews und Gespräche 127

I. Einleitung

Frauen sind zentrale Figuren im dramatischen Werk Heiner Müller's. Die Kernfrage, die ich mit meiner Arbeit beantworten will, lautet:

Werden die Frauen in Heiner Müllers Werk diskriminiert, sind seine Stücke tendenziell frauenfeindlich, frauenverächtlich oder sind sie ein Bekenntnis für den weiblichen Anspruch auf Gleichberechtigung durch gleiche Wertigkeit in Staat, Gesellschaft, Beruf und Partnerschaft.

Von Anfang an hat Heiner Müller sich mit verhängnisvollen Kontinuitäten in der Geschichte befaßt, einer patriarchalischen Geschichte, geprägt von Kriegen und Gewalt.

In seiner Biographie schildert er sein Leben in zwei Diktaturen, welches den Stoff für seine Dramatik lieferte. In seinen Stücken thematisiert er immer wieder den Reigen der Vernichtung. Und ein immer wiederkehrendes Motiv sind Frauen, welche Unerträglichkeit durch Menschlichkeit meistern. Bei der Darstellung von Beziehungskrisen geht es Müller aber nicht um einen voyeuristischen Einblick in die Privatssphäre, vielmehr schildert er die Beziehungen zwischen Mann und Frau aus der Perspektive des Historikers.

Im ersten Teil - Reale Frauenfiguren - wird die spezielle Situation der Frau in der Produktionssphäre der frühen DDR gezeigt. Die weiblichen Figuren sind dramaturgisch eindeutig in der Minderheit. Die inhaltliche Analyse sowie die Sprachanteile und die Rollenverteilung geben nicht nur Auskunft darüber, wie die Frau in den Dramen auftritt, sondern auch wie die gesellschaftliche Position der Frau in der DDR beschaffen ist: kein Mitspracherecht, keine Identifikation durch produktive Arbeit, keine repräsentative Funktion für den Staat. Heiner Müller stellt sie als die stummen Handlanger der männlichen Arbeiter, Lustobjekte und Produzenten von ‚Menschenmaterial' dar. In der männlich-chauvinistischen Sprache werden sie durchweg diskriminiert und mißbraucht. Mit der Vorführung asozialer männlicher Verhaltensmuster, möchte er einen Lerneffekt im Sinne der Brechtschen Lehrstücke erzielen. Doch damit gibt der Autor keinesfalls seinen Geschlechtsgenossen recht. Vielmehr soll bewiesen werden, daß es sein Anliegen war, diese primitiven männlichen Vorurteile gegenüber Frauen zu parodieren und zu kritisieren.

Beginnend mit dem Drama DER LOHNDRÜCKER, in dem der Frauenanteil noch verschwindend gering ist, soll dargelegt werden, wie die weiblichen Figuren langsam aus dem Schatten der männlichen Vorherrschaft heraustreten und sich zu Wort melden. Im Drama DER LOHNDRÜCKER sind sie bestenfalls die Gehilfinnen des Mannes, der sich durch ihren Beistand beruflich profilieren kann oder durch ihre moralische Unterstützung gestärkt wird. Noch bleiben die Frauen weitgehend stumm.

Doch schon in dem 1958 entstandenen Stück DIE KORREKTUR kommt der Frauenemanzipation eine tragende Rolle zu. Zwar dominieren immer noch die männlich-chauvinistischen Arbeiter, die mit Frauen eine Gefahr für den Sozialismus verbinden. In der ‚Stammtisch-Sprache' der Männer stellt sich die Frau als bedrohliche Verführerin dar. Dennoch zeigt Heiner Müller eine Wandlung der gesellschaftlichen Realität. Die Frauen werden Arbeiterinnen, dürfen am produktiven Geschehen teilnehmen. Doch gleiche Rechte wie den Männern werden ihnen nicht zugestanden. So kritisiert Müller die Ausbeutung der Frau in der DDR als rechtlose Produktionskraft.

In der KORREKTUR geht eine Arbeiterin für ihre Kollegin auf die Barrikaden. Hier zeichnet der Autor ein positives Bild weiblicher Solidarität gegenüber den genußsüchtigen, opportunistischen Männern, die nur zusammen stark sind.

In dem Drama DIE BAUERN stellt Müller die Frage nach den Arbeiterinnen und Bäuerinnen im „Arbeiter und Bauernstaat". Das Drama liegt wie DIE KORREKTUR in zwei Fassungen vor und trug zunächst den Titel DIE UMSIEDLERIN ODER DAS LEBEN AUF DEM LANDE - auffällig ist hier schon, wie sich anscheinend das zentrale Thema verschiebt. Zunächst steht eindeutig eine Frau, die Umsiedlerin, im Vordergrund, dennoch hat sich die Gesamt-Thematik des Stücks nicht verlagert. Es soll dargelegt werden, daß trotz der Beschneidung der weiblichen Sprachanteile, die Frau immer noch die zentrale Rolle in diesem Produktionsstück spielt, denn an ihr werden zentrale

Hoffnungen und Wünsche festgemacht. Die Frauen sind die einzigen, die positive individuelle Züge tragen. Wie schon die Arbeiterin in DIE KORREKTUR verhalten sie sich solidarisch gegenüber den Männern. Sie bilden das Fundament des Sozialismus, machen sich von den Männern frei und bestimmen durch die biologische Voraussetzung der Gebärfähigkeit die Klassenlage des Mannes, üben also eine zentrale Macht aus. Dafür werden sie von den Männern gefürchtet. Es soll bewiesen werden, daß Müller die zentralen männlichen Ängste kritisiert, die in die Unterdrückung der Frau münden und nicht seine Einstellung gegenüber Frauen dramatisch in Szene setzt. Aber nicht nur die Bedeutung der Frau für die sozialistische Produktion wird hier thematisiert, sondern der Autor entwickelt ein Feingespür für weibliche Sinnlichkeit, d.h. seine Frauen beginnen auch, sich von der sexuellen Vorherrschaft des Mannes zu befreien.

Nicht mit einer sexistisch diskriminierenden Intention arbeitet der Autor die Dynamik der weiblichen Sexualität heraus, sondern vielmehr spiegelt sich hier auch seine Faszination von starken, sinnlichen Frauen wieder. Und zeigt damit wieder einen zentralen Kritikpunkt des sozialistischen Systems, in dem sinnliche Erfahrung durch puritanische moralische Vorstellungen vom Zusammenleben der Geschlechter, aber auch bedingt durch die reale wirtschaftliche Situation weitgehend unterdrückt worden ist. Denn die nur allzu menschlichen Wünsche nach Genuß neben der Arbeit bleiben durch die Armut der ländlichen Bevölkerung unerfüllt.

In dem Stück DER BAU gesteht Müller den Frauen zum ersten mal eine tragende produktive Funktion zu, verkörpert durch eine Ingenieurin auf einer Baustelle. Sie setzt sich erfolgreich gegen die Anfeindungen und das Mißtrauen der männlichen Arbeiter durch, die ihre Vormachtstellung bedroht sehen. Von ihr geht schließlich auch eine totale Wandlung aus. Bei den opportunistischen Arbeitern bewirkt sie Solidarität und Zusammenarbeit. Ihr uneheliches Kind wird zum Zeichen von Einheit und Hoffnung. Doch auch das bedrohliche weibliche Element taucht hier ausgedrückt durch einen Mann auf.

Im 2. Teil - Mythologische Frauenfiguren - gehe ich auf Heiner Müllers eigenwilliges Antikebild ein, welches die Wurzeln für die historische Wiederkehr von Kriegen, Gewalt und Unterdrückung in den frühen Mythen offenlegt und diese in dem Drama ZEMENT mit der sozialistischen gesellschaftlichen Wirklichkeit kontrastiert. Mit dem Stück ZEMENT erreicht Müllers Werk einen zentralen Wendepunkt. Immer deutlicher wird die gesellschaftliche Realität und menschliche Beziehungen in den Zusammenhang der Geschichte gestellt. Dabei wird auch der Frau ein facettenreiches Spektrum der dramatischen Aussage zugestanden. Es soll dargelegt werden, wie Dascha aus ZEMENT eine Metamorphose von der Hausfrau zur vorbildlichen Revolutionärin durchlebt. Durch ihre bedingungslose Unterwerfung unter das männliche Prinzip stellt sie alle Männer in den Schatten. Mit der Verleugnung ihrer Mutterschaft geht jedoch auch eine Unterdrückung der Weiblichkeit einher. Müller zeigt Sympathie für Daschas Zwiespalt. Auch sie ist trotz ihrer Härte ein sinnlicher Typ, obwohl sie noch nicht genau weiß, wie ihre neue Rolle beschaffen ist. Zunächst einmal wird gezeigt, daß sie sich von der hergebrachten Mutterrolle befreit und eine neue Richtung einschlägt.

Die revolutionäre Umwälzung zeigt sich auch in den individuellen Identifikationsprozessen und den menschlichen Beziehungen. Somit wird hier anhand der Frau, der revoltierenden Medea, mit der Müller Dascha verknüpft der zentrale Ausgangspunkt für eine neue Welt, eine neue Epoche der Menschheitsgeschichte eingeläutet. Der Mann ist weiterhin der Held der Arbeit, doch die zentralen psychologischen Umwälzungen werden eher an die Darstellung des weiblichen Dilemmas geknüpft: Emanzipation von der Mutterrolle, Befreiung der weiblichen Sexualität, Männlichkeitsweihe in der Todeserfahrung durch den bedrohlichen Feind, dem bisher auch immer nur der Mann im Krieg entgegentreten ‚durfte'. Wenn die gegenrevolutionäre Tendenz per se von Müller durch das mythologische Bild der Hydra als allesverschlingender Schoß dargestellt wird, ist darin nicht eine negative Konnotation der Weiblichkeit zu sehen, sondern ein symbolisches Zuschreiben von zentralen Aussagen. Hier geht in erster Linie um die Revolution, die sich aus dem Würgegriff der grausamen Vorgeschichte befreien muß. Dabei steht die weibliche Gebärfunktion für die Wiederholung der geschichtlichen Ereignisse. Mit der Verneinung ihrer Mutterschaft verweigert die Frau Reproduktion. Symbolisch erhält sie also die

Funktion, die Reproduktion der historischen Kontinuität zu unterbrechen, eine Zentralfunktion, die der Autor Müller den Männern noch lange nicht zubilligt.

Diese Linie wird im MEDEASPIEL fortgesetzt und gesteigert, indem die zentrale Theaterkonzeption Müllers auf die Formel von Geburt und Tod reduziert wird. Bei Müller ist die Frau für Geburt und Tod verantwortlich, also muß auch in ihr die Möglichkeit zu geschichtlicher Veränderung begründet liegen. Der Mann oder das männliche Prinzip repräsentiert Gewalt und Tod, was sich schon in der brutalen geschlechtlichen Vereinigung von Mann und Frau zeigt. Die Frau kann den rituellen Vorgang der sexuellen Unterwerfung unter den Mann und später die Fesselung an das Kind nur mit Gewalt beenden, indem sie das Kind tötet. Dennoch werden hier aus der Sicht der Männer auch negative Assoziationen mit der Frau verbunden. Sie ist die Produzentin der Mörder.

Hier soll deutlich werden, wie wichtig die Rollenzerreissung der Frau in Müllers Werk ist, da ohne sie ein Ausbruch aus der Geschichte undenkbar wäre. Letztendlich soll gezeigt werden, daß die Befreiung der Frau für die Auflösung der kapitalistischen Klassengesellschaft steht, in der es herrschende und unterdrückte Klassen gibt und zu deren Konzeption Kriege und Gewalt gehören, um diese Herrschaftsstrukturen aufrechtzuerhalten. Dabei stehen Mann und Frau antagonistisch für die unterdrückte und die herrschende Klasse.

Mit dem nächsten Drama VERKOMMENES UFER MEDEA-MATERIAL LANDSCHAFT MIT ARGONAUTEN führt Müller anhand der Adaption der Argonautensage eine andere Fassung des Medeamythos vor. Müller zeigt den - seiner Meinung nach - frühesten Mythos der Kolonisierung bzw. der Unterdrückung. Jason degradiert Medea in seinem Streben um Macht zur ausgebeuteten Aussenseiterin. Sie kann sich wie Dascha und die weibliche Figur aus MEDEA-SPIEL nur mit Gewalt befreien. Auf einer weiterführenden Ebene spinnt er den Faden dieser geschichtlichen Grundsituation bis in die Gegenwart und in die Zukunft weiter. Gesellschaftliche Anonymität, gestörte zwischenmenschliche Beziehungen, Sinnlosigkeit, Verwesung und Müll kennzeichnen die kapitalistische Gesellschaft, die Müller hier darstellt. So werden die Argonauten auf der Suche nach dem Goldenen Vlies, auf der Jagd nach Besitz, Reichtum und Macht zu den ersten Kapitalisten in der Geschichte. Darauf folgt eine Identitätskrise. Das ‚Ich' als dramatisches Subjekt ist nun weder eindeutig männlich oder weiblich definiert. Die Geschlechtergrenzen lösen sich auf und das historische Subjekt erfährt seinen Tod. Es herrscht Endzeitstimmung.

Auf einen Endpunkt, nach dem es nichts mehr zu sagen gibt, steuert Müllers Werk dann auch mit dem Drama DIE HAMLETMASCHINE zu, nach dem nur noch das Schweigen bleibt. Fraglich ist hier jedoch ob der Autor resigniert hat oder ob er eine Befreiung aus der Unterdrückungsgeschichte für möglich hält. Mit den kombinierten Figuren Hamlet/Orest und Ophelia/Elektra führt Müller gespaltene Persönlichkeiten vor. Der handlungsunfähige, vor der Brutalität der Geschichte verzagende Hamlet wünscht seiner Mutter den Tod. Es soll gezeigt werden, daß für Müller die Möglichkeit der Beendigung der grausamen historischen Kontinuität im Tod der Mütter, d.h. im Absterben der Gebärfunktion, begründet liegt, mit der jedoch zweifellos die Welt und damit auch die gesamte Menschheit untergehen würde. Somit wäre also das Dilemma, zugleich aber auch die gesamte Menschheitsgeschichte beendet. Also bietet auch die Zerstörung des weiblichen Schoßes, die Selbstdestruktion, wie Ophelia/Elektra sie zunächst in der HAMLETMASCHINE vorführt, keine Lösung. Erst mit der Erkenntnis ihrer Destruktivität und der Beendigung der Mechanik, die ihrer Unterdrückungsgeschichte anhaftet, verzögert die Ophelia/Elektra das Ende und erobert sich einen Platz im bisher männlich determinierten historischen Raum. Doch ebenso wie Ophelia ihre Opferrolle und bisherige geschichtliche Position ablehnt, kann sich Hamlet nicht mehr mit der traditionellen männlichen Herrschafts- und Kriegerrolle identifizieren. Er ist wie OPHELIA oder wie das ‚Ich' in MEDEAMATERIAL LANDSCHAFT MIT ARGONAUTEN in eine Identitätskrise verstrickt. Er versucht die weibliche Rolle anzunehmen und weist sie gleichzeitig von sich. In dieser Entwicklungsphase zeigt sich wieder die Verwischung der Geschlechtergrenzen, denn sowohl im Mann als auch in der Frau ist der Wunsch nach einer Befreiung von der Vergangenheit angelegt. Dennoch wird die Revolution im Keim erstickt. Hamlet friert in seiner Rüstung ein und Ophelia wird zum Schweigen gebracht.

Darüberhinaus soll dargestellt werden, daß die Problematik der HAM-LETMASCHINE auch den Zwispalt des männlichen Autors und Produzenten Heiner Müllers selbst beschreibt, indem er nicht nur die männliche Dominanz in der Geschichte, sondern auch in anderen Bereichen, wie der Literatur oder Dramatik kritisiert und sich zugleich von seiner männlichen Autorschaft d.h. der männlichen Basis seiner Dramatik nicht befreien kann.

Im 3. Teil, Frau als Metapher, werde ich darstellen wie die Frau im Zusammenhang der deutschen Geschichte als einzige fortlaufende Misere konzipiert ist. Dabei wird wieder nicht die Frau selbst zum dramatischen Thema, sondern Problemkonstellationen, die an sie geknüpft sind. Vor allem die Figur der Germania und deren Tod in Berlin zeigt mit dem Ende der nationalsozialistischen Diktatur den Tod der deutschen, nationalen Identität, die Müller per se anzweifelt. Dennoch eröffnet sich hier für Müller die Chance zum Neuanfang in der Staatsgründung der DDR, die jedoch durch ihre Vorgeschichte, dem männlich-kapitalistischen Macht- und Gewinnstreben zum Scheitern verurteilt ist. Die einzige Figur, die diesem historischen Moment der DDR-Gründung einen positiven Ausblick verleiht, ist eine Hure, die sich einen Tag frei nimmt. Auch das Ende des Stücks wird von der jetzt schwangeren Hure bestimmt, die für die wiedergeborene Rosa Luxemburg steht. Dabei bleibt jedoch offen, inwieweit hier ein positiver Zukunftsausblick antizipiert wird.

Auch in LEBEN GUNDLINGS FRIEDRICH VON PREUSSEN LESSINGS SCHLAF TRAUM SCHREI geht es um die historischen Voraussetzungen der DDR, diesmal aus der Sicht Preußens als Vorgeschichte zum Nationalsozialismus und in zweiter Linie der DDR. Auch hier werden zentrale Aussagen nicht mehr an bestimmten Figuren festgemacht. Das Rollentausch-Motiv aus der HAMLETMASCHINE wird fortgesetzt. Zum ersten mal stellt Müller die Geschichte aus dem Blickwinkel des grausamen Vaters dar, wenn der autoritäre Vater Friedrich-Wilhelm seinen Sohn Friedrich zu einem Schlächter erzieht. Das männliche Gewaltprinzip wird vom Vater an den Sohn weitervererbt. Dennoch bleibt die weibliche Funktion, als Produzentin von „Kanonenfutter", als Grundvoraussetzung für Kriege klar umrissen. Die gesamte Szenerie mündet in einer Irrenanstalt, in der Müller als den Ausweg aus dem geschichtlichen Dilemma Gattenmord, Masturbation und Kastration anbietet. Denn der weibliche Schoß ist nach der männlichen Definition ein Mordinstrument, welches durch die Geburt den Geschichtszyklus, das Morden und Töten fortsetzt.

Im Drama QUARTETT dann scheint es eine Verschmelzung der Rollen von Mann und Frau, Sieger und Verlierer, Täter und Opfer zu geben. Mit der Doppelung der Rollen - die Frau Merteuil spielt den Mann Valmont und die Frau Tourvel, während Valmont die Rolle der Merteuil und sich selbst übernimmt - gibt Müller den Protagonisten die Möglichkeit, über ihre geschlechtsspezifische Basis hinaus aktiv zu werden. Interessant ist hier zu beobachten, wie die Revolte der Frau, die bisher nur auf der verbalen Ebene verharrte, in eine aktive Mordhandlung mündet. In der Rolle des Valmont fordert Merteuil den Tod Valmonts, der die Madame Tourvel spielt. Die Frau beendet das Spiel, indem sie Valmont vergiftet.

In dem Text DER AUFTRAG wird aus der Frau eine Allegorie auf den Verrat an der Revolution. So macht Müller z.B. die gescheiterte Revolution am Bild einer Frau fest, deren sexuelle Attribute keinen Reiz mehr auf den Mann ausüben. Wie in seinem ganzen Werk läßt sich in DER AUFTRAG nur mit Vorbehalt von Frauenfiguren sprechen.

Die Kraft der Zerstörung, die von den unterdrückten und aufbegehrenden Frauengestalten ausgeht, weist ihnen die Aufgabe zu, der Unterdrückungsgeschichte eine Absage zu erteilen, während die Männer immer deutlicher melancholisch-infantile Charakterzüge aufweisen. Müllers Intellektuelle versagen oder schieben ängstlich Entscheidungen und Taten vor sich her. Im Gegensatz zu den starken Frauen sind die Männer durchgängig Versager. Die Frauen rücken immer mehr ins Zentrum der Dramatik nach, wärend die Männer still abwartend daneben stehen. Folglich erweist sich diese Entwicklungslinie kontrapunktisch zu den Frauen in den Produktionstücken bzw. der Stellung in der DDR, in der Frauen außerhalb jeder gesellschaftlichen Identifikationsmöglichkeit standen.

Zur Methode und Auswahl der Dramen bleibt festzuhalten, daß hier die inhaltliche Etwicklungslinie der Frauen im Müllerschen Werk dargestellt werden soll. Daher habe ich mich bei der Reihenfolge und Auswahl der Stücke nicht an Entstehungsdaten, sondern an inhaltlichen Schwerpunkten orientiert. Dabei habe ich bewußt biographische Bezüge, wie z.B. den Suizid der ersten Ehefrau Müllers weitgehend ausgeklammert, da ich davon ausgegangen bin, daß man das Schaffen Müllers aus sich selbst verstehen sollte, ohne auf Erklärungen aus seiner Vita zurückzugreifen. Dennoch war es wichtig zum Verständnis der Stücke, Erklärungen und Interpretationshinweise des Autors selbst in seinen unzähligen Interviews und aus seiner Eigenbiographie zur Analyse heranzuziehen, da man sie als Kommentare zu seinem Werk werten kann.

1.Teil: Reale Frauenfiguren

In Heiner Müllers Produktionsstücken geht es in erster Linie um die Anfänge der DDR. Im Mittelpunkt der Handlung stehen zunächst männliche Typen, deren demotivierte und nachlässige Arbeitshaltung der Autor persifliert und kritisiert. Dabei rückt die Sorge des kleinen Mannes im DDR-Alltag vor den gesellschaftlichen Konflikten in den Hintergrund. In der sozialistischen Realität sind die Arbeiter verstrickt in Konflikte zwischen neuen Tendenzen und reaktionären Einstellungen, die sie unterwandern. Sie sind in der Überzahl, parallel dazu dominieren auch die männlichen Sprachanteile. Kontrastierend dazu bleiben die Frauen weitgehend stumm. Die Hinweise auf Frauen stammen zumeist aus dem Mund der Männer und sind chauvinistisch-diskriminierend gefärbt.

In der Gewaltförmigkeit des täglichen Lebens ist die marxistische Kategorie ‚Arbeit' das zentrale Identifikationsmoment, anhand dessen Müller die Widersprüche zwischen den zum Teil vorsozialistischen Interessen des Individuums und den Interessen des Systems deutlich macht. Frauen haben an der Produktionssphäre keinen oder nur einen geringen Anteil. Daraus resultiert für sie neben Mann und Familie zwangsläufig keine Identifikations-Möglichkeit. Sie bleiben auf die traditionelle Hausfrauen-Rolle festgelegt. Nach Carlotta von Maltzan bedeutet das ein „Zugeständnis Müllers an das Hauptthema der Produktionsstücke, der traditionell männlichen Domäne von Produktion und Arbeit."[1]

Dabei ist die Abwesenheit der Frauen als Arbeitskräfte eine Basis für Müller, um den spezifisch männlichen, rauhbeinigen Umgangston in der industriellen Umgebung darzustellen. Müllers zum Teil humoristische Kritik ist eingebunden in die Adaption der Brecht'schen Lehrstücke. Dabei sind die Werke realistisch am historischen Kontext orientiert.

Wie auch schon Genia Schulz gezeigt hat, wecken die Frauen in Müllers Stücken zwar intellektuelles Interesse, jedoch ist keine Identifikation mit ihnen

---

[1] Carlotta von Maltzan: "Zur Bedeutung von Geschichte, Sexualität und Tod im Werk Heiner Müllers"; Frankfurt am Main, 1988; Vgl. S. 119

möglich. Dieses Phänomen haben sie aber auch mit den männlichen Figuren gemein, die auch weitgehend stereotypenhaft gezeichnet sind. [2] Dennoch sind die weiblichen Figuren in den Produktionsstücken nicht nebensächlich, da sie auch eine Hoffnung formulieren. Außerdem ist es vor allem die sexuelle Komponente der Frau, die den Stücken ihr Konfliktpotential verschafft.

Die Männer sind mit der ‚großen Produktion', d.h. dem Bau der neuen Gesellschaft befaßt. Frauen hingegen mit der ‚kleinen Produktion' ihrer gebärfähigen Körper. Entstehende Kinder durchkreuzen wie Natureinbrüche die politischen Pläne der Funktionäre.

Die an der Produktion beteiligten Personen spielen ihre Rollen vordringlich als Geschlechtswesen. Sie verhalten sich ausschließlich in ihrer Körper-Geschichte. Selbst wenn sie als politische Wesen agieren, sich für den Kommunismus einsetzen, ihn diskreditieren oder für ihren Aufstieg in der Partei sorgen, sind die einzelnen Männer oder Frauen immer in ihrem Körper befangen. Ulrike Haß betont, daß die geschlechtsspezifische Rollenverteilung älter ist als das aktuelle Vorhaben des gesellschaftlichen Neubaus. Die Geschichte der geschlechtlich agierenden Körper, ihrer Rollen und Masken, bietet den Stoff für die dramatische Verklammerung des Geschehens, während der Bau des abstrakten gesellschaftlichen Gehäuses nach Haß keineswegs zur dramatischen Darstellung ausreicht, sondern nur in den Bereich der gesellschaftlichen Kritik verweist.[3]

Die Produktionsstücke Müllers sind nach dem Muster einer historisch und politisch spezifizierten Maskerade verfaßt, die das bekannte Schema einer unversöhnlichen Ergänzung der Geschlechter nutzen. Männer und Frauen stehen sich gegenüber und verteilen sich spiegelbildlich auf die antagonistischen Pole: gesellschaftliche Aufgabe versus Gefühl, geschichtlicher Auftrag versus unberechenbare körperliche Natur. Die Determinierung der Frau auf die ‚kleine

---

[2] Genia Schulz: "Abschied von Morgen. Zu den Frauengestalten im Werk Heiner Müllers", in: Heinz Ludwig Arnold (Hrsg.): Text und Kritik, Heft 73, München; Januar 1982, Vgl. S.58
[3] Ulrike Haß: "Die Frau, das Böse und Europa"; in Heinz Ludwig Arnold: Text und Kritik, Heft 73; 2. Auflage, München, 1997; Vgl. S. 104 ff.

15

häusliche Produktion' schließt zwar den Aufstand gegen den Ehemann mit ein, bleibt jedoch ein Aufstand in der "Provinz des Mannes".

"Lenin hat immer gesagt, die Bewegung kommt aus den Provinzen und die Frau ist die Provinz des Mannes (...)"[4]

1.1. DER LOHNDRÜCKER (1956)
Die Frau als Gehilfin des Mannes

In der Orginalversion des Stücks gibt es zwei Frauen, die über weibliche Arbeit reflektieren. Eine von ihnen ist die Verkäuferin in der Kantine, eine Außenseiterin und Gegenfigur zu den aggressiven Arbeitern, die darüber in Zorn geraten, daß Lebensmittel auch im Arbeiter und Bauernstaat zu teuer sind. Die zweite weibliche Figur, Fräulein Matz, ist die Sekretärin des Direktors. Sie ist stereotypenhaft skizziert. Wann immer sich eine Gelegenheit bietet, schminkt sie ihre Lippen und beschwert sich über die schlechte Qualität der Kosmetik. Doch Fräulein Matz kritisiert nicht nur den Druck auf Frauen, geschminkt zu sein oder auf Schönheit reduziert zu sein. Sie versinnbildlicht die individuellen Wünsche der Menschen im Sozialismus, die von Wohlstand und Konsumgütern träumen. Es gbt noch eine weitere Frauenfigur in DER LOHNDRÜCKER, eine kleine schweigende Rolle: ein Mädchen betrachtet auf der abendlichen Straße ein pornographisches Frauenbild an einer Hauswand. Ein Mann beobachtet sie dabei und macht anzügliche Bemerkungen. Sie geht stumm weiter. Diese Sequenz macht deutlich, daß in der zeitgenössischen sozialistischen Kultur männliche Sexualität immer noch auf Kosten der Frau ausgelebt wird. Das Mädchen ergreift die Flucht, ohne sich auch nur ansatzweise zu wehren. So geht sie dem Konflikt aus dem Weg, wie es der defensiven Rolle der Frau entspricht.

In der Orginal-Fassung gab es neben den bereits erwähnten Frauen noch Frauentypen, die ihre Männer moralisch unterstützen. Doch auch sie nehmen an den zentralen Konflikten nur am Rande teil. Dieser Aspekt taucht in der Hof-

---

[4] Heiner Müller: "Krieg ohne Schlacht; Köln, 1992; S. 295

meister-Edition von 1959 auf und in der Reclam-Sammlung "Der Weg zum Wir", verlegt von W. Adling, aus demselben Jahr.[5]

Der Prototyp der guten sozialistischen Frau ist die Frau des ‚Helden der Arbeit', Balke. Obwohl im eigenen Wohnzimmer der Wind durch die Ritzen pfeift, hilft sie ihrem Mann nachts bei seinen Berechnungen zur betrieblichen Ofenreparatur. Ihre Hilfe für den staatlichen Aufbau des Sozialismus ist selbstlos, denn sie bekommt keine Anerkennung für ihre Leistung. An diesem Beispiel zeigt sich, was als Weiblichkeitsmuster der frühen Müller-Stücke zu verstehen ist: dramaturgisch bleiben die Frauen Randerscheinungen oder Gehilfinnen des Mannes, ideologisch sind sie aber mit emanzipatorischem Gebaren auf der Grundlage neuer gesetzlicher Bestimmungen ausgestattet. Geschlechtsspezifisch zeichnen sie für das künftige Leben eine Mischung aus staatlich geförderter Emanzipation und Diakonie.[6]

Die zweite moralische Frau ist Krügers Frau, die ihrem Sohn beipflichtet, daß der Vater vom neuen Staat genauso ausgebeutet wird, wie vom alten.

Die Wichtigkeit der Frau als moralische Stütze wird auch vom Parteisekretär Schorn und dem Direktor diskutiert. Schorns Frau beging Selbstmord im Krieg, als sie glaubte, ihr Mann wäre durch Balkes Denunziation hingerichtet worden. Dieses Element wurde vorangestellt, um die Spannung zwischen dem Alt-Kommunisten Schorn und seinem Gegenspieler Balke zu verschärfen. Im Gespräch mit Schorn bemerkt der Direktor den Wert einer starken Frau für einen Mann mit einer schweren Arbeits- und Verantwortungsbelastung und bittet seine eigene, von ihm entfremdete Frau, zu ihm zurückzukehren. Die Einführung dieser moralischen Frauen hat auch den Effekt, den eher leidenschaftslosen, didaktischen Charakter des Stücks zu modifizieren.[7]

---

[5] Katherine Vanovitch: "Female Roles in Eastern German Drama 1949-1977"; Frankfurt am Main, 1982; Vgl. S. 109 ff.

[6] Katherine Vanovitch: "Female Roles in Eastern German Drama 1949-1977"; Frankfurt anm Main 1982; Vgl. S. 109 ff.

[7] Katherine Vanovitch: "Female Roles in Eastern German Drama 1949-1977"; Frankfurt am Main, 1982; Vgl. S. 109 ff.

In einem Interview bemerkt Müller über den LOHNDRÜCKER:

"Es ist ein Krankheitsbild, die Geburt eines Staates, der schon krank ist bei der Geburt. Aber das habe ich nicht gewußt, als ich das Stück geschrieben habe."[8]

1.2. DIE KORREKTUR (1958)
Gleichberechtigung als sozialistisches Fundament

Wie in DER LOHNDRÜCKER geht es auch in dem Stück DIE KORREKTUR um Produktionsprobleme. Nur mit dem Unterschied, daß jetzt auch vereinzelt Frauen an den zentralen Konflikten partizipieren. Das männliche Interesse ist auf drei gleichsam bedrohliche Dinge beschränkt: Arbeit, Schnaps und Weiber. Dabei wird nicht klar, welches das schlimmste Übel ist. Jedoch bleibt festzuhalten, daß alle drei eine Gefahr für die Männer darstellen, wie das folgende eindeutig Zitat belegt.

"Wer nicht mit dem Schacht absoff, soff ab im Schnaps. Wen der Schnaps nicht fertigmachte, den brachten die Weiber auf den Hund. Es war schwer sich herauszuhalten: aus den Schächten, aus den Weibern, aus dem Schnaps. Jetzt hat sich das gebessert: die Schächte sind gesichert, und die Weiber sind verheiratet."[9]

In der Sprache des alten Arbeiters Franz K. spiegelt sich die spezifische Form des typisch männlichen, hedonistischen Bewußtseins wieder. Dieses Element tritt sowohl in der ersten, als auch in der zweiten Fassung des Dramas zutage. Der Arbeiter spricht eine diskriminatorische Einstellung gegenüber Frauen aus, die auch schon in DER LOHNDRÜCKER evident ist und sich als fortlaufendes Motiv durch Müllers Dramen zieht. Diese Einstellung bezieht sich auf den männlichen Hang zu Alkohol und Sex. Doch im Nachhinein wird es von der Seite des Arbeiters so dargestellt, als wären es die Frauen, die Männer sexuell ausbeuten. Seine vulgäre Sprache taucht auch in anderen Stücken immer wieder auf. Die Ergebenheit der Charaktere in Wein, Weib und Gesang impliziert immer Ironie oder ausbeuterische Gefühle. Mit diesem Material wollte Müller die spezifisch männliche Chauvinisten-Kultur darstellen.

---

[8] Heiner Müller: "Gesammelte Irrtümer1"; Frankfurt am Main, 1986; S.34

In der ersten Fassung der KORREKTUR treibt der Ingenieur Martin E. proletenhafte Männlichkeitsvorstellungen auf die Spitze. Diskriminatorisch beschreibt er die sexuellen Probleme, die sich aus der Zusammenarbeit von Männern und Frauen ergeben.

In der überarbeiteten Fassung ist diese Szene komplett gestrichen worden. Interessant für die Rolle der Frau im Sozialismus ist vor allem, daß die Frau als Verführerin eine Gefahr für die kommunistische Produktion darstellt. Im übertragenen Sinn kann man diese Sequenz mit dem Odysseus-Mythos anschaulicher erklären: Wie Max Horkheimer und Theodor W. Adorno in ihrer Dialektik der Aufklärung dargestellt haben, bedeutet die, in den Sirenen verkörperte Sexualität, die elementarste Bedrohung für Odysseus' Herrschaft über die Natur und für seine Heimkehr zur Stabilität der Zivilisation. [10] Die Herrschaft über die Natur scheint im Zusammenhang mit der sozialistischen Produktion gescheitert. „Die Bäume blieben stehen [...]", während die Männer die Frauen durch den Wald jagten. [11] Dahinter steht folgende Auffassung des Autors:

> „[...] und da formuliert sich die Angst der Kleinbürger vor der Frau als einem Element von Unordnung und Chaos. Als etwas, das man nicht bändigen kann, das nicht beherrscht und domestiziert ist. Diese Angst vor dem Flintenweib war natürlich auch ein wesentliches Motiv für den Mord an Rosa Luxemburg. Seither hat in der KPD nur Ruth Fischer eine Rolle gespielt und bei den Sozialdemokraten wurden Frauen überhaupt nie dominant."[11a]

Die Erzählung des Arbeiters Heinz B. hingegen bleibt bis auf einige Straffungen in der zweiten Fassung bestehen. Er berichtet von einer Schlosserin, wegen der er den Westen verließ, um mit ihr im Osten zu leben. Doch sie prostituierte sich, um pradoxerweise mit dem verdienten Geld in den Westen zu flüchten.

---

[9] Heiner Müller: "DIE KORREKTUR" in: (ders.) "Geschichten aus der Produktion1"; Berlin 1974, S. 47

[10] Helen Fehevary: "Autorschaft, Geschlechtsbewußtsein und Öffentlichkeit; in Irmela von der Lühe (Hrsg.): "Entwürfe von Frauen in der Literatur des 20. Jahrhunderts", Berlin, 1982; Vgl. S. 133

[11] Heiner Müller: "DIE KORREKTUR" in Heiner Müller: "Geschichten aus der Produktion 1"; Berlin, 1974, S. 50

[11a] Heiner Müller: "Gesammelte Irrtümer"; Frankfurt am Main, 1986; S. 12

Mit seiner Bemerkung „Als Schlosserin kommt sie da nicht an, als Hure ja" [12,] weist Heinz B. darauf hin, daß die berufliche Situation für Frauen im Westen keineswegs besser ist als im Osten.

Hier zeigt sich schon deutlich, die Anteilnahme des Dramas an einer Reihe Frauenbestrebungen. Bremer, die männliche Hauptfigur, lehnt jede Bitterkeit des Arbeiters Heinz B. ab, indem er dem Kontext der Prostitution Aufmerksamkeit schenkt. Mit der Frage: „Wer hat sie zur Hure gemacht?" [13] zeigt er Verständnis für die Schlosserin und gibt dem System die Schuld für die Prostitution.

Die nächste Szene, „Fundamente", in der das Fundament auf der Baustelle absackt, hat eine zentrale Funktion innerhalb des Dramas und Müllers gesamtem dramatischen Werks. Sie kann als Metapher auf den Sozialismus gelesen werden, der ohne festen Boden frei im Raum schwebt und immer weiter absackt. Schuld daran ist der Opportunismus der Arbeiter, die nur in ihre eigene Tasche wirtschaften, ohne sich um die Qualität ihrer Arbeit zu kümmern.

Eine Begebenheit in derselben Szene läßt auf das Verhältnis zwischen Mann und Frau schließen, welches sich auch im Sozialismus nicht durch Chancengleichheit auszeichnet. In einer Versammlung verschafft sich eine Frau lautstark Gehör. Sie verlangt, daß ein Unfall untersucht wird, bei dem eine Streckenwärterin und Familienmutter beide Beine verloren hat. Diese Frau hat einen herausragenden Part, da sie sich als erste in Müllers Stücken, wenn auch nur verbal, für die Rechte der Frauen d.h. der Unterdrückten per se einsetzt. Dabei bleibt sie auch gegenüber der Diskriminierung durch den HEISEREN erstaunlich selbstbewußt und schlagfertig.

---

[12] Heiner Müller: "DIE KORREKTUR" in: (ders.) "Geschichten aus der Produktion 1"; Berlin,1974; S. 51
[13] Heiner Müller: "DIE KORREKTUR"; in: (ders.) "Geschichten aus der Produktion 1"; Berlin,1974; S. 80

„DIE FRAU	Ich kann mir meine Kinder selber machen. Dich brauch ich nicht dazu, du Bock. Wir verlangen, daß der Unfall untersucht wird."
ERSTER ARBEITER	Erst das Fundament.
DIE FRAU	Wir wollen gehört werden. Wir arbeiten wie ihr. Das ist auch ein Fundament."[14]

Auch der Aspekt der Befreiung von der männlich determinierten Sexualität wird hier schon deutlich. Die Frau, die sich beschwert, wird durch einen weiteren Beschwerdeführer, einen polnischen Bauern, mit einer anderen Minderheit gleichgesetzt. Der Heisere behandelt den Polen genauso herablassend und diskriminierend wie zuvor die Frau, indem er ihn beispielsweise als als ‚Pollacken' beschimpft.

Die Frau behauptet sich standhaft in dieser Männerwelt und Männersprache. Auch in ihrem politischen Selbstbewußtsein ist sie weiter entwickelt als ihre männlichen Kollegen. Somit kann man sie auch als politische Alternativgestalt zu den Männern werten. Sogleich verweist sie auf den metaphorischen Charakter des Begriffs „Fundamente", wozu gehöre, daß Frauen Anspruch auf gleiche Behandlung haben, da sie auch arbeiten wie die Männer. Rückübersetzt in die Sprache der Politik erklärt diese Frau nichts anderes als daß es ein Fundament des neuen Staates wäre, was bereits 1949 in der Verfassung der DDR verankert ist: Gleichberechtigung von Mann und Frau, gleiches Recht und gleicher Lohn bei gleicher Arbeit, was auch eine ökonomische Notwendigkeit bei dem chronischen Arbeitskräftemangel seit Gründung der DDR war.

Gleichwohl waren gesetzliche Bestimmungen und der Lebensalltag in der DDR zweierlei. Zwar ist es unstrittig, daß der Staat sich bemühte, seine Gesetze in die Wirklichkeit umzusetzen. Dem aber standen große Hindernisse im Weg. Veraltete Vorstellungen, vor allem das geschlechtsspezifische Rollenverständ-

---

[14] Heiner Müller: "DIE KORREKTUR"; in: (ders.) "Geschichten aus der Produktion 1"; Berlin,1974; S. 80

nis von Mann und Frau, lange nachwirkende Unterschiede bei den Bildungs-
voraussetzungen, die nur langsame Preisgabe männlicher Privilegien, die Belastung der Frauen durch Mutterschaft und schließlich die männliche Dominanz in allen Entscheidungsgremien, die Müller durchweg kritisiert und karikiert, verhinderten es, daß die volle Gleichberechtigung Wirklichkeit wurde. Diese war zwar seit den Anfängen der deutschen Arbeiterbewegung in der ersten Hälfte des vorigen Jahrhunderts eine grundlegende Forderung. Karl Marx und Friedrich Engels widmeten der Frage große Aufmerksamkeit. Dennoch führten die Kommunisten in der DDR zunächst einen konsequenten Kampf gegen die Frauenemanzipation. Andererseits galt in der sozialistischen Ideologie die Auffassung, daß die wichtigste Grundlage für die Gleichberechtigung der Frau ihre Berufstätigkeit ist. [15]

In der zweiten korrigierten Fassung der KORREKTUR wird die Auseinandersetzung in dieser Szene noch verstärkt. Doch jetzt trägt sie nicht mehr den Titel „Fundamente", sondern heißt neutral „3c". Weder die Ausrede, der Leistungslohn sei Schuld an dem zu verhandelnden Unfall, noch der Ausfall des Heiseren gegen den Sorben wird von der Frau, die jetzt schon als Arbeiterin auftritt, unwidersprochen hingenommen. Der frauenfeindliche Heisere ist als Vorgängerfigur des proletarischen Helden Gleb in dem später entstandenen Drama ZEMENT zu werten.

Hier steht die Frau im Einklang mit Theorie und Staatspraxis der DDR in der sogenannten Frauenfrage. Es geht scheinbar nur noch darum, sich gegen die eher schwerfällig gezeichneten männlichen Gegenspieler durchzusetzen.

Die Arbeiterin wird vor allem durch die Tatsache moralisch erhoben, daß sie sich für eine andere Frau und deren Kinder einsetzt. Sie stellt eine Fortsetzung der moralisch-unterstützenden Frauentypen in DER LOHNDRÜCKER dar. Solidarisches Verhalten unter den Männern hingegen ist nicht gegeben. So wird die Szene mit der Arbeiterin zum Gegenpol gegenüber den ausschließlich egoistisch handelnden Arbeitern. Dennoch ist die Arbeiterin auch immer noch

---

[15] Friedrich-Ebert-Stiftung (Hrsg.): "Frauen in der DDR", Bonn, 1987; Vgl. S. 6 ff.

ein Spiegelbild traditioneller Weiblichkeitsvorstellungen, da ihr ein realer Aktionsradius im Text nicht gewährt wird, denn ihre Kritik verharrt auf einer rein sprachlichen Ebene.

Die Figur der arbeitenden Mutter, die bei dem Unfall beide Beine verliert, demonstriert hingegen, daß Arbeiter auch im Aufbau der sozialistischen Wirtschaft nicht von Unrecht und Unterdrückung befreit sind.

Anhand der Rollenverteilung in DIE KORREKTUR - im Vergleich zu 16 Männern kommt nur eine Frau zu Wort - zeigt sich auch die Randexistenz der Frau in der Gesellschaft. Doch langsam beginnt sie aus dem männlichen Schatten herauszutreten.

1.3.1 DIE BAUERN
Die Frau als Startloch

Auch das Drama DIE BAUERN liegt in zwei Fassungen vor. Ursprünglich lautete der Titel DIE UMSIEDLERIN ODER DAS LEBEN AUF DEM LANDE.

Innerhalb der Thematik der Umverteilung der Länder im jungen Arbeiter- und Bauernstaat stellt der Autor Frauen schon differenzierter dar. Dennoch ist das Personal auch hier durchweg männlich determiniert. Im Vergleich zu 35 Männern treten nur 8 Frauen auf. Interessant dabei ist, daß die Frauen zumeist keinen Vornamen, sondern nur den Nachnamen oder den Beruf des Mannes tragen. Das weibliche Pendant zu ‚Beutler' heißt ‚Beutlern'; ‚Flint' steht ‚Flinte 1' und ‚Flinte 2' gegenüber. Auf der dramaturgischen Ebene sind Frauen wieder die Kontrastfiguren zu den Männern. Auf der inhaltlichen Ebene könnte es bedeuten, daß die Frau vom Mann abhängig ist, (zu) ihm gehört. Die Frauen sind unpersönliche, entindividualisierte Typen. Bis auf die Versorgung der Männer mit Bier und Nachwuchs wird ihnen keine Aufgabe zugestanden. Die Ausnahme bilden die einzigen weiblichen Figuren mit individuellen Namen, Niet und Schmulka. Dadurch geben sie sich als zentrale weibliche Figuren zu erkennen. Wie auch in den anderen Produktionsstücken kommen die Frauen in DIE BAUERN kaum zu Wort. Dennoch sind erste Emanzipationstendenzen vor allem in der Orginal-Fassung festzustellen. Am Beispiel der Umsiedlerin Niet wird der Wandlungsprozeß ersichtlich, den die Frauen in den verschiedenen Versionen dieses Stücks durchgemacht haben. Die schwangere Niet zeichnet sich in den Szenenentwürfen der Jahre 1956 bis 1958 durch eine gänzlich andere Vorstellung vom Zusammenleben der Geschlechter aus, als sich von dem patriarchalischen Vater ihres ungeborenen Kindes herumkommandieren zu lassen. In der ersten Fassung des Dramas äußert sie ihre Kritik. Wie alle anderen Frauen stand die Figur der Niet in der frühen Arbeitsphase unter Sprachzwang. Sie sollte sich wie die Arbeiterin aus der KORREKTUR in politischen und kulturellen Konflikten behaupten. Im Arbeitsprozeß bis 1960 hat Müller dann fast alle Dialoge dieser Frauenfigur gestrichen. Sie ist zu einer weitgehend stummen Frau geworden. Obgleich sie in fast allen Bildern des fertigen Stücks anwesend ist, hat sie bis zu einem bestimmten Punkt nichts mehr zu sagen. Sie wird vom Zuschauer in fast allen Szenen visuell wahrgenommen.

Wie in den anderen Produktionsstücken reden die Männer durchgehend negativ über ihre Frauen. So beklagt der Bauer Kaffka seine Klassenlage als besitzloser Landarbeiter, hat sie aber als unabänderlich akzeptiert und ordnet sich damit willig den neuen Machtstrukturen unter. Bei der Einführung der Bodenreform wird ihm durch die Zuteilung eines kleinen Stück Lands ein völlig neuer Identifikationsrahmen geliefert. Er hat die Chance, der durch den Mutterschoß festgelegten Klassenlage zu entkommen.

„BAUER MIT FAHNE

In jeder Bibelstund hab ich dem *Er zeigt mit dem Daumen nach oben* im Ohr gelegen um ein feineres Startloch oder daß meine Mutter mich zurücknähm aber es ist schon so: aus seiner Schale hat keiner einen anderen Ausgang als nach unten, wo der Wurm den Menschen schält und mit der Nabelschnur wird dir von Anfang an der Rückmarsch in die Mutter abgeschnitten und heute sag' ich, gut ist's, daß es so ist und meine Mutter war der richtige Eingang."[16]

In diesem Zusammenhang zeigt sich erstmals, was Carlotta von Maltzan Müllers „Startloch-Metaphorik" nennt, „die sich wie ein roter Faden durch sein Werk zieht. In seinen frühen Werken wurde das Individuum durch die Ge-

---

[16] Heiner Müller: "DIE BAUERN"; in: (ders.) "Die Umsiedlerin oder das Leben auf dem Lande"; Berlin, 1974; S. 20

schichte in seine Rolle hineingepreßt. Diesen Geschichtszwang erreicht Müller durch die Gleichsetzung des Startlochs mit dem Schoß (Vagina)."[17] Dabei verwendet der Autor in seinen frühen Stücken die Metapher ‚Startloch' ausschließlich in Verbindung mit der Frau als Mutter.

Die regelmäßige Verwendung dieser Metaphern im Zusammenhang mit den Frauenfiguren leitet sich allerdings nicht, wie Michael Schneider es darstellt, aus einer „psychologischen Disposition Heiner Müllers" ab, noch zeigt sich hier, „Müllers heimlicher Todestrieb".[18] Dazu ist die Metaphernsprache viel zu differenziert und vielschichtig. Die Metapher ‚Startloch' wird in verschiedenen Konnotationen ausschließlich von männlichen Figuren verwendet und steht auch für die Unergründlichkeit der Weiblichkeit, für die Angst des Mannes vor der Frau. Hier übt Müller Selbstkritik in der Kritik schwacher Männer.

Das Startloch kann Ausgangs- oder Anfangspunkt des individuellen Lebens sein, welches sowohl durch lokale und temporale Bestimmung eine fest vorbestimmte, unabänderliche Entwicklung oder Klassenlage festlegt.

Der eigentliche Geburtsvorgang ist dabei ein geschichtlich positiv zu wertendes Moment. Er birgt die Möglichkeit zur Veränderung, den Anfang zu etwas Neuem. Der Anbruch der neuen Zeit als Geburtsvorgang impliziert die Hoffnung auf den Aufbau einer neuen Gesellschaft, die noch erwachsen werden muß. Dennoch ist der neue Staat wie der Sekretär aus DIE BAUERN erklärt „eine schwere Geburt"; „ein Kaiserschnitt" und ist als solcher zerbrechlich und anfällig für Kinderkrankheiten.[19]

In der anfänglich nicht immer funktionierenden Neuorganisation der Produktionsverhältnisse droht der Rückfall in faschistoide Verhältnisse, die Müller wieder mit weiblichen Attributen versieht, wenn Hitler mit „Eva-Braun-

---

[17] Carlotta von Maltzan: "Zur Bedeutung von Geschichte, Sexualität und Tod im Werk Heiner Müllers"; Frankfurt am Main, 1988; Vgl. S. 79
[18] Carlotta von Maltzan: "Zur Bedeutung von Geschichte, Sexualität und Tod im Werk Heiner Müllers", Frankfurt am Main, 1988; Vgl. S. 78
[19] Heiner Müller: "DIE BAUERN" in: (ders.) "Die Umsiedlerin oder das Leben auf dem Lande"; Berlin, 1974; S. 64

Brüsten"[20] auftritt. Doch die Frau als Mutter ist nicht nur mit einem positiven Vorzeichen für den hoffnungsvollen Aufbruch versehen. Am Bild der Mutter werden Unterdrückung und Ausbeutung als Gefahr für den Sozialismus festgemacht. Dieser Aspekt wird vor allem deutlich, wenn die Bauern - zumeist primitiv - über Frauen sprechen.

> „BAUER MIT TRANSPARENT [...] Den Spaß mit der Frau zähl ich nicht, eine Frau ist ein halber Spaß zum Preis von acht Kindern. [...]."[21]

Auch der Bauer sieht Frauen einseitig als Sexobjekt, nur dazu geschaffen, ihm Vergnügen zu bereiten. Sobald er Verantwortung für die Folgen tragen muß, wird das Vergnügen zur Last, die Frau als Lustobjekt wertlos. In seiner vulgären Sprache betont der Bauer die Belastung, die er durch die große Familie hat, um bei der Saatgutverteilung einen Vorteil zu erlangen. Aus ihm spricht die Grundhaltung, daß die Frau weniger wert ist, als der Mann. Er vergleicht den Geburtsvorgang mit dem Saatgut, setzt Frau gleich mit Natur und Naturgewalten, von denen er als sich Mann bedroht fühlt, wodurch er wiederum die männliche Schwäche transparent macht.

Durch den Zusammenhang zwischen Mutter und Acker klingen hier schon deutlich metaphorische Bezüge an; die Frau als Mutter Erde oder bedrohliche Naturgewalt. Ein weiteres Beispiel für diesen Aspekt ist der einstige Hoferbe Rammler. Er will seinen ehemaligen Knecht Kaffka weiterhin ausbeuten und unterdrücken. Dazu stellt er sich durch die Mutter-Metaphorik mit ihm auf eine Stufe.

> „RAMMLER
> Wir kommen alle aus einer Mutter, Kaffka und gehn den gleichen Weg in Gottes Hand der uns gemodelt hat aus einem Klumpen [...]."[22]

Er spricht von der Mutter Erde, als dem universellen Startloch, dem alles entspringt. Damit stellt die Frau ein Fundament des Sozialismus dar. Alle sind

---

[20] Heiner Müller: "DIE BAUERN" in: (ders.) "Die Umsiedlerin oder das Leben auf dem Lande"; Berlin, 1974; S. 25
[21] Heiner Müller: "DIE BAUERN"; in: (ders.) "Die Umsiedlerin oder das Leben auf dem Lande"; Berlin, 1974; S. 19

gleich, stammen aus derselben Mutter. In der Realität will Rammler Kaffka übervorteilen. Doch Kaffka weist ihn entschieden zurück. Rammler rechtfertigt sich wieder mit einer Mutter-Metapher.

> „RAMMLER
> Was willst du Kaffka. Zum Ausbeuter ist der Mensch geborn, auch du. Das wäscht dir kein Regen ab, das ist Natur der Herrgott hat dich so geschaffen, mach was. Vor der Entbindung hast du deine Mutter schon ausgenommen, Parasit und Blutsäufer am Nabelschlauch, und ohne Rücksicht dann Milch getankt an ihrer Brust ein Jahr oder länger. Ich hätt auch gern Kommunismus, die Idee ist gut. Wenn nur die Menschen besser wärn. Der Kommunismus ist was für die Zeitung."[23]

In Rammlers Bemerkung kommt zunächst Kritik an der traditionellen Mutterrolle zum Tragen, der die eigenen Kinder das Leben abzapfen. Paradoxerweise macht er am Beispiel der Mutter, menschliche Ausbeutung deutlich, denn er ist der Ausbeuter. Daß dieses menschliche Verhalten unabänderlich ist, betont der Autor in einem Interview:

> „Wir müssen mit dieser Krankheit und der Paradoxie, daß wir Parasiten in der Welt sind, indem wir sie ausbeuten, leben."[24]

In der dritten Szene liefert der Bürgermeister Beutler den nächsten Hinweis auf die Rolle der Frau in der jungen DDR. Hier ist sie Stiefelknecht des Mannes.

> *„Beutler läßt sich von seiner Frau die Stiefel ausziehn, die Frau fällt mit den Stiefeln um."* [25]

Auch die Umsiedlerin Niet tritt in dieser Szene auf. Sie bittet um einen Kochplatz am Herd der Bürgermeistersfrau Beutlern. Als er ihr verweigert wird, geht sie wieder ab. Das Verhalten von Beutlern läßt Rückschlüsse auf das Verhältnis der Frauen untereinander zu. Beutlern verhält sich nicht solidarisch wie die Arbeiterin aus der KORREKTUR. Sie stellt sich auf die Seite ihres Mannes, des

---

[22] Heiner Müller: "DIE BAUERN"; in: (ders.) "Die Umsiedlerin oder das Leben auf dem Lande"; Berlin, 1974; S. 24
[23] Heiner Müller: "DIE BAUERN"; in: (ders.) "Die Umsiedlerin oder das Leben auf dem Lande"; Berlin, 1974; S. 24/25
[24] Heiner Müller: "Gesammelte Irrtümer 1", 1. Auflage, Frankfurt am Main, 1986; S. 57
[25] Heiner Müller: "DIE BAUERN"; in: (ders.) "Die Umsiedlerin oder das Leben auf dem Lande"; Berlin, 1974; S. 30

Bürgermeisters. Beutlern kann in der weiblichen Hackordnung auf die Umsiedlerin herabsehen. Doch in der gesellschaftlichen Rangordnung steht sie
noch unter ihrem Mann, so darf sie zum Beispiel keine politische Meinung haben, weil sie als Frau zwangsläufig nichts von Politik versteht.

„BEUTLER *Beutler macht aus dem Gesetzesblatt eine Fliegenklatsche und jagt Fliegen. Auftritt Rammler.* Ein Fliegenjahr. Verschwind Frau, Politik."[26]

Daß er mit dem Gesetzestext Fliegen jagt zeigt die Unwichtigkeit der neuen
Gesetze, zu denen auch die Gleichstellung der Frau gehört.

In der vierten Szene wird anhand der Beziehung zwischen Niet und
Fondrak die typisch weibliche Unterwürfigkeit herausgestellt. Der Säufer und
Chauvinist Fondrak beutet Niet aus. Er hatte sexuellen Spaß mit ihr, er lehnt
ihre Schwangerschaft ab. Als Sexobjekt ist die dickbäuchige und zugleich ab-
gemagerte Niet genauso wertlos wie die Bauersfrau. Fondrak nennt sein unge-
borenes Kind ‚Fresser' und ißt seiner Frau den Speck weg. Niet ist seine Magd,
die er immer zum Bier holen schicken kann. Sie gehorcht ihm unterwürfig.

Auf einer politischen Interpretations-Ebene kritisiert Müller am Bild der
Frau bzw. an dem traditionell weiblichen Attribut Schönheit, das sozialistische
System. Denn durch den niedrigen Lebensstandard in der DDR ist Niet herun-
tergekommen und abgemagert. Ihre Schönheit ist passè und damit auch ihr
Wert als Frau. Doch Niet ist auch das klassische weibliche Opfer, das sich seine
Rolle selbst ausgesucht hat. Im Verlauf der Handlung wandelt sich das unterwürfige Weibchen zur selbstbewußten, eigenständigen Frau. Sie weist sogar
den Antrag Mützes zurück, der einzigen männlichen Figur in Müllers Werk, die
sich durch Einfühlungsvermögen und Achtung gegenüber Frauen auszeichnet:

„NIET *lacht*
[...] Grad von den Knien aufgestanden und hervorgekrochen unter einem Mann
der nicht der beste war, der schlimmste auch nicht soll ich mich auf den Rük-

---

[26] Heiner Müller: "DIE BAUERN"; in: (ders.) "Die Umsiedlerin oder das Leben auf dem Lande"; Berlin 1974; S. 30

ken legen wieder in Eile unter einen andern Mann wärs auch der beste, Sie sinds vielleicht als wär kein andrer Platz, für den die Frau paßt."[27]

In seiner Biographie berichtet Heiner Müller, wie diese Szene bei der Uraufführung einen Skandal auslöste:

„[...] Und da saßen noch zwei Damen des Ministeriums und schüttelten empört die Köpfe, vor allem über die Pornographie, über die Schweinereien in dem Stück, und als schlimmstes Beispiel für die Schweinerei zitierte eine die Stelle, wo die Umsiedlerin es ablehnt, sich heiraten zu lassen >Grad von den Knien aufgestanden [...] Das >von den Knien aufgestanden< hatte sie aufgefaßt als Beschreibung einer sexuellen Position."[28]

Niet hat sich emanzipiert. Sie braucht keinen Mann mehr, um ihr Leben zu meistern. Niet und Flinte 1, die auch von ihrem Mann verlassen wird, verbünden sich in der gemeinsamen Arbeit. Ihre Solidarität stellt nicht nur die weibliche Opposition zur durchweg egoistisch charakterisierten Männerwelt dar, sondern auch aktives Engagement für die sozialistische Gesellschaft, indem sie die freie Bauernstelle ökonomisch nutzen. Vielleicht will Müller damit zeigen, daß Solidarität unter Frauen, das einzige Mittel ist, um sich gegen die männliche Determination zur Wehr zu setzen. Er kritisiert Frauen, die sich perfekt an Männer anpassen, zu deren Handlangern werden und andere Frauen bekämpfen, wie z.B. die Bürgermeisterfrau Beutlern auf Niet herabsieht. In DIE BAUERN dringen die Frauen im Namen des erfahrenen männlichen Verrats auf Eigenständigkeit.

1.3.2. Unkonventionelle weibliche Sinnlichkeit

Im Zusammenhang mit der weiblichen Emanzipation steht auch eine Frau im Vordergrund der Handlung, die unkonventionelle Sinnlichkeit ausdrückt. Schmulka ist eine Vorgängerin zu Dascha im Drama ZEMENT, die durch eine Liaison mit einem Traktoristen etwas Aufregung in ihr tristes ländliches Leben bringen will. Müller portraitiert Schmulkas Versuch, den Traktoristen und den

---

[27] Heiner Müller: "DIE BAUERN"; in: (ders.) "Die Umsiedlerin oder das Leben auf dem Lande"; Berlin, 1974, S. 103
[28] Heiner Müller: "Krieg ohne Schlacht"; Köln, 1994; S. 171

puritanischen FDJ Aktivisten Sigfried zu verführen, auf humorvolle Art. In e i-
nem Interview bemerkt er über den Charakter der Schmulka:

> „Sie steht für alles, was man unter Sinnlichkeit begreifen kann, und eigentlich
> das, was nur partiell realisiert wird in so einer Entwicklungsphase hier. Desw e-
> gen finde ich auch, daß sie ausschließlich karikiert wird. Da ist mir zuwenig
> die positive Seite, der positive Aspekt dieser Sinnlichkeit, in den engen Ve r-
> hältnissen dieses Dorfes."[29]

Anlaß dieser Bemerkung war eine Inszenierung von DIE BAUERN an der Volksbühne, wo Schmulka karikaturistisch dargestellt wird. Die Schauspielerin und der Produzent verwandelten sie in eine dralle Pantomime. Doch Schmulka ist nicht nur die erste Frau in Müllers Dramen, die ihre Erotik ausleben will, sondern sie äußert auch ähnlich wie die Sekretärin in DER LOHNDRÜCKER kritik am sozialistischen System, in dem Sinnlichkeit und Vergnügen verpönt sind.

> „[...] Und wenn der Mond im ganzen Feld blüht, freuts mich. Abends geh ich
> zum Tanz im neuen Westkleid wenn ich durchs Dorf geh, hängen alle Weiber
> im Fenster, alt und junge, schwarz vor Neid weil alle Männer mir nachlaufen,
> aber ich geh mit keinem, der kein Auto hat."[30]

In der Beziehung zwischen Siegfried und Schmulka zeigen sich ähnliche Pr o-
bleme wie später in ZEMENT zwischen Gleb und Dascha. Schmulka will ihre Sinnlichkeit und sexuellen Wünsche ausleben. Doch Siegfried will sie besitzen und rechtfertigt seinen Anspruch mit puritanischen Moralvorstellungen.

> „SIEGFRIED Wenn alles aufhört, die Moral hört nicht auf."[31]

Zum Frauentag und zum Geburtstag hat er Schmulka die kommunistische M o-
ral von Bebel geschenkt. Sie soll moralische Grundsätze lernen, die ihrer sin n-
lich-erotischen Persönlichkeit widersprechen. Auf Schmulkas Frage ob er sie liebe, fragt er sie warum sie ihn das frage und betet die moralischen Statuten Bebels herunter, wie als Zauberspruch, um sich gegen Schmulkas Sinnlichkeit zu schützen. Er fühlt sich überrumpelt. Die Sinnlichkeit geht von ihr aus und

---

[29] Heiner Müller: "Krieg ohne Schlacht"; Köln, 1994; S. 135
[30] Heiner Müller: "DIE BAUERN"; in: (ders.) "Die Umsiedlerin oder das Leben auf dem Lande"; Berlin, 1974; S. 66

nicht vom Mann, dem die Zügel aus der Hand gleiten. Aus diesem Grund fühlt er sich unterlegen und kann kein Gefühl zeigen. Siegfried will Schmulka zur angepaßten, pflegeleichten Frau umformen. Er gesteht ihr keine Sinnlichkeit zu. Daraus schließt Schmulka, daß er sie nicht liebt. Der Kommunismus steht zwischen den beiden, denn so Siegfried „Erst müssen wir den Sozialismus aufbaun".[32] Doch Schmulka läßt sich nicht hinhalten. Sie weiß genau, was sie will.

> „SCHMULKA
>
> Jetzt oder nie. Auf deinen dritten Grundzug pfeif ich, den ich noch nicht weiß und auf Bebel und auf die KOMMUNISTISCHE MORAL. Ich leb nur einmal, leicht wird keinmal draus. das ist mein erster Grundzug und mein letzter. [...] Wenn du mich wiedersehen willst, mußt du Eintritt bezahlen. Auf der Leinwand kannst du Mich wiedersehn. Seh ich so aus, als brauchts ichs von einem, der noch feucht ist von der Mutter? *Geht*."[33]

Schmulka ist eindeutig die Überlegene. Sie zeigt sich stark, selbstbewußt und zögert nicht, ihre Kritik auszudrücken, während Siegfried, da er mit diesem starken weiblichen Selbstbewußtsein überfordert ist, Beleidigungen ausstößt, wodurch seine Hilflosigkeit noch deutlicher wird. So hilflos steht auch später Gleb der starken Revolutionärin Dascha gegenüber.

> „SIEGFRIED
>
> Komm zurück. Dich schluckt der bürgerliche Sumpf, wenn du nicht umkehrst."[34]

Hier zeigt sich eindeutig ein parodistisches Element, denn Siegfried ist der angepaßte Kleinbürger. Die Beziehung zwischen Siegfried und Schmulka zeigt die Kontroversen und Experimente in Liebesangelegenheiten, die der Russischen Revolution folgten. Diese paßten nicht in die DDR. Der bürgerliche Benimm-Code, bekannt als sozialistische Moral, hat diesem Thema eine reservierte Stellung vorbehalten. So wurde versucht, den Glauben an die sozialisti-

---

[31] Heiner Müller: "DIE BAUERN"; in: (ders.) "Die Umsiedlerin oder das Leben auf dem Lande"; Berlin,1974; S.67

[32] Heiner Müller: "DIE BAUERN"; in: (ders.) "Die Umsiedlerin oder das Leben auf dem Lande"; Berlin,1974; S.67

[33] Heiner Müller: "DIE BAUERN"; in: (ders.) "Die Umsiedlerin oder das Leben auf dem Lande"; Berlin,1974; S. 67

sche Familie als vernünftiges, natürliches und befriedigendes Ventil für die Sexualität zu verstärken.[35]

1.4. DER BAU
Das erwachende weibliche Selbstbewußtsein

In dem Drama DER BAU spürt Müller dem erwachenden weiblichen Selbstbewußtsein nach. Wieder sind die Frauen in der Minderheit. Es gibt nur zwei weibliche Figuren. Einmal mehr, ist eine die Sekretärin des Direktors, die Nachrichten übermittelt und keinen Einfluß auf das Geschehen ausübt. Doch der zentrale Charakter dieses Stücks ist die zweite Frau, Schlee. Sie ist die neue Ingenieurin auf der Baustelle. Sie wirkt der Einstellung entgegen, daß Frauen nicht als Arbeitskräfte zählen und setzt sich gegen die Ablehnung der Männer durch.

Schlees Ankunft an der Baustelle wird begleitet von derben Bemerkungen und Pfiffen der Arbeiter. Ihre Sprache ist so unverschämt deutlich, wie es sich nur wenige Schriftsteller in der ostdeutschen Dramatik erlaubt haben.

Schlees Funktion ist es, den Arbeitern ihren Wert als Frau, als Ingenieurin, und als Kommunistin zu beweisen. Drei Identitäten, welche die Arbeiter mit tiefem Mißtrauen beobachten. Die Lektion, die sie erteilt, wird nicht in direkten politischen Ausdrücken deutlich. Dennoch hat Schlee eine radikale Wirkung auf die Arbeiter, denn sie stellt ihre gesamte Existenz in Frage. Müller macht dies mit dem auffälligen Wechsel ihrer Sprache von der ersten bis zur letzten Szene deutlich. Anfänglich ist die männliche Sinnlichkeit nur auf Eroberung und Besitzansprüchen basiert, so wie z.B. bei Siegfried, der Schmulka beherrschen und umziehen möchte:

„SCHLEE   Ich bin als Ingenieur hier, die
           Frau ist Nebensache.

GABLONZKI Da kennen sie uns schlecht.

---

[34] Heiner Müller: "DIE BAUERN"; in: (ders.) "Die Umsiedlerin oder das Leben auf dem Lande"; Berlin,1974; S. 67
[35] Friedrich-Ebert-Stiftung (Hrsg.): "Frauen in der DDR", Bonn, 1987; Vgl. S. 25 ff.

BARKA   Hände weg. Sie sind Ingenieur?
             Sie wollen hier arbeiten?
             Warum? Eins nach dem
             anderen, erst der Einstand.
             *(Er will sie küssen und sie ohrfeigt
             ihn.)*"[36]

In der Endszene, als Barka und Bastian gelernt haben, Schlee zu respektieren, ist ihre poetische Sprache ein Kontrastmittel, um ihre neue Einstellung gegenüber Frauen und Liebe darzustellen.

Wie auch Niet in DIE BAUERN ist Schlee schwanger. Ihre Schwangerschaft als Natureinbruch bringt die Pläne des Parteisekretärs Donat ins Schwanken. Doch Schlees uneheliches Kind wird ein Symbol von Einheit und Hoffnung, obwohl sein Vater es ablehnt und verleugnet. Sinnlichkeit wird zu einer positiven Kraft, die Individuen in einer Intimität verbindet, welche aus gegenseitiger Bemühung und Erfüllung besteht. Als die schwangere Schlee auf dem Bau einen Schwächeanfall erleidet, stehen ihr die Arbeiter hilfreich zur Seite.

„SCHLEE   Sie brauchen mich nicht zu tragen, geben sie
              mir nur ihren Arm, wenn der Boden
              schwimmt, es geht vorbei.

BARKA   Kein Risiko. *Trägt sie.*
              Du wärst mir leichter, wärst du schwer von
              mir. So lang der Weg reicht bist du meine Last.
              Hinterm Ural ist Nacht. Die Liebespaare gehn
              in die Sträucher oder in die Betten. In jeder
              Minute auf dem Flugstern hier mit Baggern
              umgegraben und mit Bomben mit unserm
              Schweiß gewaschen und mit Blut mit Kraut
              bewachsen und bebaut mit Steinen über dem
              Lärm aus Stimmen und Papier geht einem Mann
              in einer Frau die Welt auf."[37]

---

[36] Heiner Müller: "DER BAU"; in: (ders.) "Geschichten aus der Produktion 1"; Berlin, 1974; S. 91

[37] Heiner Müller: "DER BAU"; in: (ders.) "Geschichten aus der Produktion 1"; Berlin, 1974; S. 133

33

In Anbetracht der schwachen, schwangeren Schlee, die seine Hilfe braucht, äußert Barka Sehnsucht nach Verständnis und Liebe. Diese Gefühle hat die Frau in ihm geweckt.

Nach Maltzan hat die Frau in DER BAU auch schon eine bedrohliche Komponente, da mit dem Koitus bereits Gefahr und Zerstörung verbunden wird, wenn Hasselbein vom „Beischlaf mit der Bombe" spricht.[39]

> „HASSELBEIN
> Regen. Wasser mit Strontium. Nehmen Sie meinen Hut, wenn Sie keinen Minotaurus gebären wollen. Pasiphaë, Königin auf Kreta, ließ sich von dem weißen Stier begatten in der hölzernen Kuh, gebaut von Dädalus, dem Ingenieur des Königs. Sie gebar den Minotaurus, eine Mutation halb Mensch halb Stier. Was sind die Ehebrüche der Vorzeit gegen den Beischlaf mit der Bombe!"[40]

In dem Hasselbein-Zitat klingen schon mythologische Bezüge mit. Pasiphaë, die Tochter des Sonnengottes Helios, wurde die Frau des Königs Minos von Kreta, fiel jedoch in leidenschaftliche Liebe zu einem Stier - Poseidons Strafe für ihren Mann, der es versäumt hatte, ihm das Tier zu opfern. Der Bildhauer Daidalos baute eine hölzerne Kuh, in der sie sich verbergen und mit dem Stier sexuelle Beziehungen pflegen konnte. Nachdem ihrer Lust genüge getan war, gebar sie den Minotaurus. Aus Wut über Minos' ständige Liebesabenteuer hexte sie ihm dann eine schmerzhafte Krankheit an, die er auf die Frauen, die er besaß übertrug.[41]

In diesem Zusammenhang bekommt das Hasselbein-Zitat noch eine weitere Bedeutungsebene. Es geht um die Angst vor der rätselhaften weiblichen Sinnlichkeit. Vor allem im Bild des Beischlafs mit der Bombe spielen Kastrations- und Versagensängste eine wichtige Rolle. Jetzt da die Frauen aus ihrer kleinen häuslichen Sphäre in die Männerwelt aufbrechen, werden alle männlichen Domänen in Frage gestellt. Jetzt kann der Mann die Frau auch nicht mehr

---

[39] Carlotta von Maltzan: "Zur Bedeutung von Geschichte, Sexualität und Tod im Werk Heiner Müllers", Frankfurt am Main, 1988; Vgl. S. 110
[40] Heiner Müller: "DER BAU"; in: (ders.) "Geschichten aus der Produktion 1"; Berlin, 1974; S. 93
[41] Michael Grant und John Hazel: "Lexikon der antiken Mythen und Gestalten"; 11. Auflage, München, 1995; Vgl. S.323

sexuell bevormunden. Hier stellt der Autor sehr realistisch die Ängste der Männer, ausgelöst durch den Vormarsch der Frauen, heraus. In einem Interview macht Müller eine zentrale Bemerkung zu dieser Thematik:

> „Die Verweigerung oder Selbstverweigerung des Genusses bringt die Ungeheuer hervor. Die ganze Raketentechnik ist doch ein Ergebnis von Frustration - sie zeigt den Wunsch nach Ejakulation, und die Bombe ist die totale Ejakulation."[41a]

[41a] Heiner Müller: "Zur Lage der Nation"; Berlin, 1990; S 77

2. Teil: Mythologische Frauenfiguren

Die Verwendung von Mythen bei Heiner Müller, ist auf einem eigenwillig gezeichneten Antikebild begründet, das weitgehend auf harmonische Klassizität verzichtet und statt vorgeprägte Vorstellungen zu bestätigen, zur geistigen Auseinandersetzung zwingt. Angefangen bei dem Drama ZEMENT über MEDEASPIEL und DIE HAMLETMASCHINE bis zu VERKOMMENES UFER MEDEAMATERIAL LANDSCHAFT MIT ARGONAUTEN werden Frauen immer deutlicher in mythologische Bezüge gestellt. Im MEDEASPIEL erscheint der antike Bezug erstmals im Titel. Die vordergründig den antiken Vorlagen verpflichteten Werke finden sich Mitte der sechziger Jahre und ihrem Ende. Keines der Dramen geht dabei auf eine neuerfundene Fabel zurück. Stets sind deutliche Bezüge zu dem mythologischen Stoff vorhanden.

Die Müllersche Dramaturgie geht davon aus, daß auf der Bühne vorgeführte menschliche Verhaltensweisen sozialen Verhältnissen entsprechen, die aber prinzipiell noch aufhebbar und überwindbar sind. Im Bezug auf die Frau wird mit den Mythen die Geschichte ihrer Unterdrückung deutlich gemacht, aus der sie sich auch nur mit Hilfe der im Mythos angelegten Aggression befreien kann. Die Auseinandersetzung mit den durch die antike Literatur vermittelten Abbildern der antiken Wirklichkeit bedeutet für sein Gesamtwerk mehr als nur die Fixierung des Verhältnisses zur Geschichte. Sie stellt den Versuch eigener Positionsbestimmung dar und weist damit eine im Müllerschen Werk spezifische Phase aus. Sie wird zu einem wesentlichen Bestandteil des Müllerschen Gesamtschaffens. Durch den Mythen-Anklang wird deutlich, daß die Pervertierung des Menschen durch Krieg und Gewalt so weit fortgeschritten ist, daß Äußerungen von Schuld, Sühne und Hoffnung möglicherweise als Maskerade gewertet werden müssen, um die Besessenheit vom Töten zu kaschieren. Dieses Grundthema scheint sich bereits beim jungen Müller so verfestigt zu haben, daß seine Ablehnung aller Harmonie-Darstellungen sich auch auf die vom Krieg unabhängigen oder sich gegen den Krieg richtenden menschlichen Handlungen ausdehnte. Seine Portraits von geschlechtlichen Beziehungen zeigen immer das Gewalttätige. Harmonische ausgeglichene Verhältnisse zwischen Mann und

Frau scheinen vor allem im Rückblick auf den Mythos unmöglich, obwohl Müller auch immer daran gelegen ist, seine düsteren Szenerien durch einen zumeist weiblich konnotierten Hoffnungsschimmer aufzuhellen.

Die Theorie der Gewaltlosigkeit wird konfrontiert mit der Praxis des Klassenkampfes, die von Müller auf die knappste Formel gebracht wird, die in zahlreichen Varianten bis zu ZEMENT stets wiederkehrt:

> „Es gibt zwei Klassen, das Proletariat und die Bourgeoisie."[42]

Die Müllersche Dramatik will aus der Distanz des Zuschauers zum vorgeführten Helden ihre Produktivität gewinnen und bietet daher keine Möglichkeit der Identifikation mit den Helden. Der Verzicht auf Identifikation bestimmt auch die Gestaltung der aus der Antike entlehnten Figuren. Die Intention des Autors ist die Zerstörung statuarischer Heldenbilder. Der Autor zerstört jeden Ansatz von Idealität konsequent und entheroisiert die Helden der Antike. Das antike Geschehen spiegelt die barbarischen Verhältnisse wider, die noch nicht aus der Welt verbannt sind. Müllers Verhältnis zur Antike ist eigenwillig. Seine Werke heben die antike Idealität auf und zerstören damit das Vorbild. Überall wird der Versuch sichtbar, die einzelnen Gewalttaten und Verbrechen in den antiken Stoffen nicht aus der Individualität der Gestalten, sondern aus grundsätzlichen Klassenwidersprüchen herzuleiten. Damit verleiht er den antiken Stoffen immer wieder Aktualität. Mythen sind für ihn die

> „[...]sehr frühe Formulierung kollektiver Erfahrungen. Schlimmerweise stimmen die immer noch allgemein. Weil - wie heißt das doch so schön - die condition humaine sich in den letzten Jahrhunderten wenig verändert hat. Die Entwicklung des Menschen als Gegenstand der Anthropologie ist absolut minimal. Deswegen stimmen diese Modelle immer noch."[43]

Dabei stellt Müller immer wieder die Frage:

> „Was ist das, was in uns hurt, lügt, mordet? Es ist die Aufgabe von Kunst und Literatur, herauszukriegen, wie der Mensch beschaffen ist. Was in diesem Tier zu dem führt, was wir so als Geschichte erleben."[44]

---

[42] Heiner Müller: "Gesammelte Irrtümer"; Frankfurt am Main, 1986; S. 124
[43] Heiner Müller: "Gesammelte Irrtümer"; Frankfurt am Main 1986; S. 149
[44] Heiner Müller: "Gesammelte Irrtümer 2"; Frankfurt am Main, 1990; S. 173

2.1. ZEMENT

Weibliche Metamorphose:
Von der Hausfrau zur Revolutionärin

Mit ZEMENT vertieft sich Müller in die schmerzhafte Psychologie der revolutionären Umwälzung. Seine Charaktere werfen einen flüchtigen Blick auf neue Dimensionen menschlicher Beziehungen und versuchen aus unterdrückenden moralischen Sicherheitsvorstellungen auszubrechen. Basiert auf der Novelle von Fijodor Gladkow über das Rußland der frühen 20er Jahre ist ZEMENT ein Stück von gnadenloser Zweideutigkeit. Es zeigt den revolutionären Prozeß als Hydra: immer wenn es Herkules bzw. der Menschheit gelingt, einen der Köpfe des mythologischen Ungeheuers abzuschlagen, wächst sofort ein neuer nach.

Die dramatischen Widersprüche sind vergleichsweise wenig signifikant, da Müller bewußt fragmentarische Szenen-Sequenzen als Mittel verwendet, um das Publikum in die ungelösten Fragen miteinzubeziehen.

Die Basis-Entwicklung des Stücks ist positiv. Der Mechaniker Gleb Tschumalow kehrt aus dem Krieg als Held nach Hause zurück und findet heraus, daß die Zement-Fabrik, der Kern der industriellen Produktion, im Dorf von Novorossiak (Neues Rußland) außer Funktion und von Ziegen bevölkert ist. Gleb setzt die Fabrik wieder in Stand. Nun ist er nicht nur Kriegsheld, sondern auch Held der Arbeit. Doch er behandelt seine Frau Dascha weiterhin im Sinne der unterdrückenden Tradition des feudalen patriarchalischen Rußland. Daschas Transformation von der Hausfrau zur Revolutionärin übertönt jeden Aspekt ihrer Beziehung zu Gleb. Dascha ist eine Figur des Umbruchs. Sie stürzt Gleb in tiefe Verwirrung, indem sie die gesamte Basis der Monogamie in Frage stellt. Doch ihre Fragen bleiben unbeantwortet. Es gibt keine Lösung für ihr Dilemma. Badjins Ziel, die Auflösung der Familie „[...] die Familie ist ein Relikt und wird die Revolution nicht überleben [...]" [45] ist nicht realisierbar. ZEMENT ist kein Stück vom russischen Milieu, sondern ein Revolutions-Stück. Auch wenn

---

[45] Heiner Müller: "ZEMENT"; in: (ders.) "Geschichten aus der Produktion 2"; Berlin,1975; S. 89

Daschas Fragen zeitgenössische Relevanz gegeben sind, repräsentieren Müllers Charaktere nicht falsch oder richtig. Sie verkörpern historische Konflikte.

Müller zeigt deutlich Sympathie für die Fragen, die Dascha aufwirft. Doch ihre Rezeption war oft unvorteilhaft. Dasselbe Mißtrauen gegenüber weiblicher Sinnlichkeit, mit dem das Publikum auch schon auf Schmulka reagierte, wurde verstärkt von dem, was Walter Benjamin "das Sphinxgesicht" nennt, „der schockierende Anblick einer Frau mit politischer Macht". [46] Müllers Adaption der Gladkow-Novelle ist provokativ. Um die dramatische Form zu verschärfen und den Kampf der Gegensätze zu akzentuieren, überzeichnet er die Konflikte in Form von gewalttätigen Metaphern. Er dezentralisiert die Rolle des sozialistischen Helden Gleb, indem er einerseits Glebs inneren Konflikt steigert und andererseits den mythologischen Symbolismus von den revolutionären Siegen der Figur abtrennt und ihn auf ein Zwischenspiel verlegt. Demgegenüber werden Daschas Konflikte gegenüber der Gladkow-Novelle bis ins Extrem gesteigert. Gladkow schmückt Daschas Liebe für ihr Kind Njurka stark aus, so daß beim Leser mehr Anteilname an ihrem Elend bewirkt wird. Ihre Zerrissenheit zwischen der Sorge um ihr Kind und den Erfordernissen der Revolution wird bei Müller nicht zum Thema. Im Gegenteil ist es Daschas Bestimmung, unabhängige politische Ziele zu verfolgen, statt sich um ihr Kind zu kümmern. Dadurch verstärkt sich Glebs Zorn, auch wenn Müller vorschlägt, daß er ebenso für Njurka verantwortlich ist wie sie. Als Dascha Gleb mit ihrer Metamorphose von der Hausfrau zur Revolutionärin konfrontiert, wird sie im Müllerschen Drama auch stärker unter Druck gesetzt als die Figur bei Gladkow. Der Konflikt ist erbitterter, ungerechter, verschärft bis zur Vergewaltigung. Diese Brutalität unterstreicht im Rückschluß die welthistorische Bedeutung der tumultartigen Ereignisse während der Formung einer neuen gesellschaftlichen Realität. Die Aggression des Stücks ist konstruiert, um zu provozieren und dem Zuschauer den Einfluß der Revolution nicht nur auf die Wirtschaft, sondern auch auf persönliche Beziehungen, deutlich zu machen. Durch den Gebrauch von Mythen akzentuiert Müller, daß die Handlung in Novorossiak eine neue

---

[46] Heiner Müller: "ZEMENT"; in: (ders.) "Geschichten aus der Produktion 2"; Berlin,1975; S. 68

Epoche einläutet. Der antike Stoff ist ein starker Ausdruck für den Kampf der Menschheit, um die Kontrolle über Umwelt und Natur. In diesem Zusammenhang repräsentiert die Frau die entfesselten Naturgewalten.

Müller trotzt der dramatischen Tradition, indem er Mythen in zusammenhangloser Form, abwechselnd mit kommentierter historischer Handlung kombiniert. So akzentuiert er die Unterschiede und Gemeinsamkeiten zwischen alter und neuer gesellschaftlicher Realität. Dieses Element taucht in ZEMENT mehrmals auf: Fünf von vierzehn Szenen-Titel gehen auf die griechische Mythologie zurück, und ein weiterer auf die christliche. Dadurch wird die Wichtigkeit der Handlung weit über Novorossiak hinaus demonstriert und die Basis der Orginal-Mythen in Frage gestellt.

In der Szene "Heimkehr des Odysseus" zeigt Dascha, daß sie nicht mit der geduldig auf ihren Held wartenden Penelope zu vergleichen ist. Die apolitische Motja enthüllt Gleb diese Entwicklung bei seiner Heimkehr:

„Dascha-wo-ist-sie-wartet-sie-auf-mich.
Wo soll sie sein. Bei ihren Freiern ist sie.
Frag die Partei nach deiner roten Witwe."[47]

Dascha emanzipiert sich auf feindselige Art von Penelopes Rolle. Daher ist es dem Publikum nicht erlaubt, ihr ungefragt zu verzeihen.

Motja, selbst eine Figur voller Gegensätze, glaubt, daß die Rolle der Frau eine häusliche und mütterliche sein sollte. Obwohl sie sich auch von ihrem Ehemann trennt, rückt sie Dascha in ein negatives Licht. Sie spielt auf ihre Beziehungen zu Offizieren der Roten Armee an, und beschuldigt sie, das Kind vernachlässigt zu haben. Doch auch Motjas Kinder haben die Hungersnot nicht überlebt, so daß ihre Kritik von dem Wissen entschärft wird, daß es Njurka wahrscheinlich im Kinderheim nicht schlechter ergangen ist als bei ihrer Mutter. In der Gladkow-Novelle wird das Kinderheim als komfortabler, freundlicher, liebevoller Ort beschrieben. Müller, dessen Anliegen es ist, eine psychologische Revolution zu beobachten und nicht die Errungenschaften der sowjeti-

---

[47] Heiner Müller: "ZEMENT"; in: (ders.) "Geschichten aus der Produktion 2"; Berlin,1975; S. 75

schen Sozialpolitik zu kritisieren, erwähnt diesen Aspekt nicht. So macht er Dascha eine Entschuldigung für die Vernachlässigung ihrer Tochter unmöglich.

Ihr darauffolgender Eintritt in die Gesellschaft von anderen kommunistischen Frauen, macht einen vorteilhafteren Eindruck, da sie einen klaren wertvollen Beitrag zur Revolution beisteuert. Doch Gleb läßt sich nicht von seiner Frau ‚Genosse' nennen, was als unerwünschtes Vorurteil gegenüber der neuen Beziehung präsentiert wird.

Währenddessen rebellieren auch Daschas Kameradinnen gegen die Männerordnung und die konventionelle Rollenverteilung. Eine Frau schlägt ihren Mann, der sie zuvor immer verprügelt hat und die Züge der Bärtigen Frau deuten männliche Züge auch bei Frauen an, wie auch Polja sich wünscht wie ein Mann zu kämpfen.

2.1.1. Befreiung der weiblichen Sexualität

Die Szene „Das Bett" steht für den Kampf, um die Kontrolle von Daschas Sexualität. Der einzige Gegenstand auf der Bühne ist das Bett. Dascha glaubt nicht an die Illusion von komfortabler Häuslichkeit und lehnt es ab, ihren kriegsgeschundenen Mann zu trösten. Müller stellt sie nicht nur als Opfer der zermürbenden Umstände dar, in denen die Protagonisten gegen Hungersnöte und konterrevolutionäre Tendenzen kämpfen, sondern auch als Frau, die sich in der männlichen Domäne behaupten will. Gleb versucht mit einer Reihe von Argumenten seine Vorkriegsposition zurückzuerlangen, aber jedesmal pariert Dascha mit scharfer Logik und beißender Ironie, um ihm zu demonstrieren, daß er noch in der überholten autoritären Ideologie verhaftet ist. Gleb beginnt die Auseinandersetzung, mit einer diskriminierenden Bemerkung, in der er Dascha ausschließlich auf Sexualität festlegt und ihre Weiblichkeit bezweifelt.

„TSCHUMALOW: Bist du noch ein Weib.
　　　　　　　　Soll ich dir
　　　　　　　　zeigen, wozu dich Gott gemacht hat.

DASCHA: Langsam Genosse. Die
Sowjetmacht hat ihn
Liquidiert, deinen Gott."[48]

Dann greift er auf sein Besitzrecht zurück und vergleicht sie mit einem Pferd:

„TSCHUMALOW: Wer fragt den Gaul, wann er
geritten sein will (...).

DASCHA: Kühl dich ab Besitzer.
Aus welcher Fibel hast du dein
ABC Gelernt als Kommunist. "[49]

Nun wendet Gleb emotionalen Druck an, indem er Dascha anklagt, daß sie ihre liebenswerte Natur verloren hat. Doch Dascha hat sich durch Glebs Abwesen-heit von der männlichen Bevormundung freigemacht und paßt sich den an sie gestellten Unterdrückungs-Forderungen nicht mehr an.

„DASCHA Soll ich begraben im Familienbett
Ersticken unter dir auf einem Laken
Was mir teuer ist, weil es so viel
Gekostet hat, Tränen Schweiß Blut: meine Freiheit."[50]

Ihre Individualität und Stärke verunsichert Gleb Als er Dascha die Vernachläs-sigung ihrer mütterlichen Pflichten vorwirft, wendet sie das Argument wie ei-nen Bumerang gegen ihn:

„DASCHA Gut, Gleb. Wenn du sie füttern willst. Bleib du
Zu Hause. Spiel die Mutter für dein Kind. Ich
Hab keine Zeit."[51]

Weil er Dascha nicht verstehen kann, und ihr paradoxerweise einerseits als Frau bei jeder Handlung triebhafte Motive unterstellt - andererseits gesteht er ihr keine eigene Sinnlichkeit zu - nimmt Gleb an, daß ihre politische Arbeit sehr unbedeutend sein muß, und daß ihr Freiheitsdrang zwangsläufig Ergebnis ihrer

---

[48] Heiner Müller: "ZEMENT"; in: (ders.) "Geschichten aus der Produktion 2"; Berlin,1975; S. 75

[49] Heiner Müller: "ZEMENT"; in: (ders.) "Geschichten aus der Produktion 2"; Berlin,1975; S. 75

[50] Heiner Müller: "ZEMENT"; in: (ders.) "Geschichten aus der Produktion 2"; Berlin,1975; S 76

[51] Heiner Müller: "ZEMENT"; in: (ders.) "Geschichten aus der Produktion 2"; Berlin,1975; S. 77

Lüsternheit ist. Die Idee der weiblichen Sinnlichkeit regt ihn auf. Später verteidigt er den Soldaten Makar, der für eine Vergewaltigung zum Tode verurteilt wird mit dem Argument, daß Frauen Männer dazu herausfordern. Glebs Wut und Verzweiflung werden in Metaphern von Ekel, welche Daschas Menschlichkeit verneinen deutlich, während er in einem ironischen Akt anfängt, sie zu vergewaltigen.

> „Und so. Und so. Hast du noch eine Brust.
> Sie regt sich. Unter wieviel Händen schon.
> Die Schenkel heiß. Der Gaul braucht Auslauf, wie.
> Die Frucht ist noch nicht taub, der Acker will
> Gepflügt sein."[52]

Doch Dascha hat gelernt, sich gegen männliche Gewalt zu verteidigen. Sie greift zur Pistole und richtet sie gegen Gleb. Plötzlich gibt Gleb weinend seine Unsicherheit preis. Und auch Dascha artikuliert ihre Gefühle und Zweifel. Die Revolution hat besitzergreifenden Beziehungen ein Ende gemacht, aber die neue Form der Liebe ist noch verschwommen, wenn nicht gar unmöglich. Gleb muß Dascha Zeit für eine Anpassung an die neuen Verhältnisse lassen und umgekehrt.

2.1.2. Männlichkeitsweihe durch Todeserfahrung

In Szene 7, „Die Frau am Baum" blickt Dascha dem Tod durch die Hand eines rebellischen Kosacken ins Auge. Sie lehnt sein Angebot ab, ihr Leben für Sex zu verschonen. Es gelingt ihm nicht, sie durch seine Anzüglichkeiten zu erniedrigen, denn auch unter Todesangst ist sie nicht dazu bereit, mit einem Feind ihrer Partei zu kooperieren oder sich mißbrauchen zu lassen. Im Gegenteil, sie lacht dem Kosackenoffizier mutig ins Gesicht.

> „DASCHA *lacht*
> Ich bin kein Wurm, der sich von Aas ernährt
> Wie kann ein Tier mir das Leben schenken."[53]

---

[52] Heiner Müller: "ZEMENT"; in: (ders.) "Geschichten aus der Produktion 2"; Berlin,1975; S. 78

Für den Kosacken verdient Daschas Stolz höchste Bewunderung. „Du hast dich gut gehalten. Wie ein Mann." [54] Seine traditionelle Erwartung von Frauen ist Schwäche. Die mutigen Kommunistinnen sind ein Mysterium für ihn, weil sie den traditionellen Weiblichkeitsvorstellungen widersprechen. Auch wenn er der Initiator des sexuellen Mißbrauchs ist, stellt er sich selbst so dar, als würde er Dascha eine ‚Freude' machen. In einem trügerisch galanten Ton, vergleicht er ähnlich wie der verunsicherte Gleb Frauen mit Pferden:

> „OFFIZIER   Aber Du wirst mit mir zufrieden sein.
> Ich kenn mich aus mit Pferden und mit Weibern.
> Und deine Brüste schrein nach einem Mann.
> Die Schenkel haben Lenin nicht gelesen."[55]

Dascha bringt dem Mann, der versucht sie zu erniedrigen, indem er ihr droht, sie entweder zu vergewaltigen oder seinen Männern zu übergeben nur kalte Verachtung entgegen. Obwohl der Kosacke ihre Courage mit Freiheit belohnt, durchlöchert sie seine Leiche haßerfüllt mit Kugeln, nachdem Badjin ihn mit Hilfe von Soldaten längst getötet hat.

In diesem Zusammenhang zeigt sich die enge Verknüpfung von Sexualität und Tod: die Berührung mit dem Tod hat bei Dascha ein neues Verlangen nach Leben ausgelöst, und sie fordert Badjin auf, mit ihr zu schlafen. Kontrastierend zu dem Offizier, steht Badjin für Leben und Hoffnung. Dascha verhält sich nicht als Sexobjekt.

In einem Interview antwortete Heiner Müller auf die Frage, wie es denn um die Frauenbefreiung auf der Bühne steht:

> „[...] Und in ZEMENT ist eine Szene am Schluß, wo die Frau, die weibliche Hauptfigur, einem Mann sagt, daß sie mit ihm schlafen möchte. Schon die Schauspielerin hatte ungeheure Schwierigkeiten. Sie hat sich zunächst geweigert, diese Rolle zu spielen, wegen dieser Szene. Man merkt immer die An-

---

[53] Heiner Müller: "ZEMENT"; in: (ders.) "Geschichten aus der Produktion 2"; Berlin, 1975; S 96

[54] Heiner Müller: "ZEMENT"; in: (ders.) "Geschichten aus der Produktion 2"; Berlin, 1975; S 97

[55] Heiner Müller: "ZEMENT"; in: (ders.) "Geschichten aus der Produktion 2"; Berlin, 1975; S 96

strengung und den Kampf, das zu sagen. Und auch beim Publikum löst das immer wieder einen Schock aus."[56]

ZEMENT zeigt einen tiefen Einschnitt in Müllers Werk: Während in seinem Frühwerk die Frauen in der Kombination von Liebe und Geburt die Bedeutung von Hoffnung, Aufbau und Zukunft tragen, repräsentiert die Frau mit der Figur der Revolutionärin Dascha in ZEMENT eine Verbindung von Sexualität und Tod. Sie ist nach Maltzan vielleicht eine der interessantesten Figuren in Müllers Werk. Verknüpft mit dem Bild der Medea, welche die mythische Dimension der Frau darstellt, kennzeichnen die Frauen nun Haß, Rachverlangen und Sinnlichkeit, aber auch die Notwendigkeit und Fähigkeit zur Selbstexplikation, wodurch sie erst zu dramatischen Figuren im eigentlichen Sinn werden.[57]

Alle früheren Frauen zeichnen sich vergleichsweise durch sprachliche Reduktion aus, wie z.B. die Umsiedlerin Niet aus dem Drama DIE BAUERN. Sie bleiben psychologisch dunkel, werden nur durch die Betrachtung des Mannes von außen gesehen, entsprechen Stereotypen und stehen wie Fremdkörper zwischen den agierenden Männern.

Niet, Schlee, Dascha sind alle durch ihre Schwangerschaft determiniert und bringen durch den Natureinbruch eine Störung in die Pläne der Männer. Sie fordern sie zur Reflexion heraus. Die Frauen selbst bleiben emotionslos, zeigen nur Hohn und Verachtung für die männliche Schwäche.

Dascha bildet die Ausnahme. Sie ist die letzte in der Reihe der realistischen Frauengestalten und die erste, die in deutlich mythologische Bezüge gestellt wird. In den Wirren des Bürgerkriegs gefoltert, erwirbt sie in der Konfrontation mit dem Tod männliche Attribute. So befreit sie sich aus ihrer Opferrolle. Diese Entwicklung macht sie zur vorbildlichen Revolutionärin. Die Eroberung des Todes für die Frau korrespondiert mit einer weiteren Eroberung - der des Körpers. Dascha gibt sich ihrem Mann nicht mehr hin, ihr Körper ge-

---

[56] Katherine Vanovitch: "Female Roles in Eastern German Drama 1949-1977", Frankfurt am Main, 1982; Vgl. S. 119

[57] Carlotta von Maltzan: "Zur Bedeutung von Geschichte, Sexualität und Tod im Werk Heiner Müllers", Frankfurt am Main, 1988; Vgl. S. 108

hört allein ihr selbst. Zugleich aber scheint der Körper und die an ihn gebund e-
nen Eigenschaften der Lust, der Triebe und der Sehnsucht in diesem Stück auf
Seiten des Alten, des Reaktionären zu stehen.

„In mir ist etwas, das den Junker will, Gleb,
So wie der Hund die Peitsche will und nicht will. Das muß ich aus mir reißen,
jedesmal. Wenn ich mit einem Mann im Bett lieg."[58]

Dascha führt einen Kampf gegen ihren Körper und ihre Sexualität, den sie nicht
gewinnen kann. Die Umerziehung der körpereigenen Funktionen entsprechend
den intellektuellen revolutionären Strategien ist unmöglich. Doch Dascha ve r-
sucht die Revolution auch auf den Körperbereich auszudehnen. Sie will alle an
den weiblichen Körper gebundenen Eigenschaften revolutionieren: die Mutte r-
schaft, ebenso wie die Lust, die aus der Herrschaft des fremden Körpers über
den eigenen gewonnen wird. Ein konsequent zu Ende getriebener Emanzipat i-
onsprozeß bis zu einem Punkt, da er widernatürlich wird.

„DASCHA
Ich will kein Weib sein - Ich wollt ich könnte mir den Schoß ausreißen."[59]

Waren in den frühen Müller-Texten Körperlichkeit und Erotik in der Liebe au s-
gespart, bricht nun die Sexualität durch. Die Bilder, die Müller hier und in den
folgenden Texten für sexuelle Bindungen findet, sind entweder masochistisch
oder sadistisch. Eine ausgeglichene sexuelle Partnerschaft wird nicht gestattet.
Müller will gerade das Böse, Brutale und Erniedrigende in Beziehungen b e-
lichten.

„Ich glaube mein stärkster Impuls ist der, Dinge bis auf ihr Skelett zu reduzi e-
ren, ihr Fleisch und ihre Oberfläche herunterzureißen. Dann ist man mit ihnen
fertig."[60]

Das Skelett, worauf der Autor die geschichtlichen Vorgänge reduzieren will, ist
im menschlichen Sexualbereich ein brutaler gegenseitiger Unterdrückungsm e-
chanismus: Sexualität fungiert als zwischenmenschliches Kampfinstrument.

---

[58] Heiner Müller: "ZEMENT"; in: (ders.) "Geschichten aus der Produktion 2"; Berlin,1975; S. 107

[59] Heiner Müller: "ZEMENT"; in: (ders.) "Geschichten aus der Produktion 2"; Berlin1975; S. 107

Für Müllers Weiblichkeitsbild ist Dascha ein Wendepunkt. Standen die frühen Frauen alternativ zu den Männergestalten für Leben, Liebe, Gefühle und Solidarität, so beginnt mit Dascha ein Frauenimage mit dem auch Tod, Sexualität und Verführung apostrophiert werden. Während sich Dascha immer mehr von Mann und Kind entfernt, setzten sich bei ihr alle Spielarten des Todesverlangens durch. Die Gleichheit im Tode, die die Revolution gebracht hat, wird als neue Kraft verstanden.

Das Weibliche will sich selbst behaupten und tritt als Verwerfung der sozialen Ordnung auf, als Provokation, die noch nicht weiß, wohin sie will. ("Was anfängt ist noch blind.") Der erste Schritt dahin ist aber die Artikulation des Zorns, der schon im antiken Medea-Mythos festgehalten ist. Iwagin beschwört den Mythos mit folgenden Worten:

> „[...] Ich habe sie immer bewundert, sie sind eine Medea und eine Sphinx für unsere Männeraugen [...]."[61]

Ähnlich wie die antike Rächerin Medea von der Gewalt ihrer Befreiung selbst getroffen wird, ist auch die Konzeption der Frau als Todesengel mit dem Aspekt der Selbstdestruktion verknüpft. Das Selbstmord-Motiv der Frau in TODESANZEIGE, welches Müller skizzenhaft in seinen späten Werken als Leitmotiv aufnimmt, enthält die Bedeutung der Agrression als Todesverachtung gegenüber der Männerwelt, und der eigenen Gebärfähigkeit.

Müllers Interesse an der deutschen Terroristin Ulrike Meinhof verleiht den mythologischen Anklängen politische Brisanz: gemeint ist das Kräftepotential, das in der Fähigkeit zur Selbstvernichtung enthalten ist.

Die Emanzipation als Rachezug erzeugt zunächst nur den Stillstand der Geschichte. Die einzige Möglichkeit der Gleichheit der Geschlechter liegt im Tod.

Daschas Ziel ist die Lösung aus alten Bindungen und der Aufbau einer besseren Gesellschaft durch politische Arbeit. Das Mittel dazu ist die Revoluti-

---

[60] Heiner Müller: "Gesammelte Irrtümer1"; Frankfurt am Main, 1986; S. 102
[61] Heiner Müller: "ZEMENT"; in: (ders.) "Geschichten aus der Produktion 2"; Berlin,1975; S. 114

on, aus der die neue Gesellschaft entsteht. Deren zentrale Funktion ist ein universeller Ausgleich der unterschiedlichen Ausgangsbedingungen und die Herstellung eines weltweiten Gleichgewichts. Doch die Vorstellung eines Macht-, Besitz-, und Rechtsausgleichs auf allen Ebenen zwischen Staat, Klassen und Individuen setzt auch einen Ausgleich zwischen den Geschlechtern voraus. Der Revolutionsbegriff von ZEMENT erfaßt die Totalität der Existenz. Das zentrale symbolische Feld, auf dem die Konflikte ausgetragen werden, ist die Sexualität. Für die Figuren in ZEMENT bedeutet die Revolution einen Akt unbarmherziger Selbstdestruktion, welcher als Wahrheitsfindung aufgefaßt wird. In dem Maße, wie diese Revolutionskonzeption auf den Bereich der Liebe und der Sexualität angewendet wird, sie sich auf die Mann-Frau-Problematik. Dennoch bleiben die Konflikte zwischen Gleb und Dascha eher an der Oberfläche.

Die eigentliche Spaltung des Textes verläuft zwischen Rot und Weiß, Vorgeschichte und Geschichte. Die Problematik der Revolution wird von Müller als totale Umwälzung gebündelt vorgeführt, wobei das revolutionäre Element in Daschas Rollenverweigerung welche sich nun verschiedene männliche Privilegien, das Rederecht in Versammlungen oder die Freiheit der Promiskuität einfach nimmt. Diese Frauenemanzipation erweist sich aber als höchst doppeldeutig. Von der Frau verlangt sie die Abwendung von ihrem historisch erworbenen Geschlechtscharakter, der bisher männlich definierten Weiblichkeit, während der Mann dem seinen weitgehend treu bleiben kann. Die Weiblichkeit muß neu definiert werden. Denn Dascha übernimmt zum Teil auch männliche Attribute, die in der Gesellschaft als moralisch verwerflich galten. Dascha ist die vorbildliche Revolutionärin schlechthin. Sie überbietet alle männlichen Kollegen an Härte. Ihre Revolution besteht in der stromlinienförmigen Angleichung an männliche Qualitäten. Ist sie eine Opportunistin gegenüber ihrer Weiblichkeit? Fällt sie sich selbst in den Rücken? Sie wirft alles ab, was ihrer weiblichen Natur entspricht, um sich in ein Zwitterwesen zu verwandeln, „halb noch ein Weib und halb aus Eisen" [62], das die scheue Bewunderug der ihr gegenüber schwächlich erscheinenden Männer erregt. Sie weint nicht, jedoch ihr

---

[62] Heiner Müller: "ZEMENT"; in: (ders.) "Geschichten aus der Produktion 2"; Berlin,1975; S. 114

Mann, der Kriegsheld. Dascha ist ein Produkt stählerner Selbstverleugnung, aus einer Haltung, die auch auf einer masochistischen Struktur beruht. Sie verwirklicht die Revolution in sich selbst, aber der hohe Anspruch richtet sich gegen ihr altes Ich. Dascha spricht von ihrem „erotischen Masochismus", den sie sich „ausreißen" möchte. Zunächst tritt aber eine andere Form masochistischen Verhaltens an die Stelle des ersten. Der weiblich konnotierte Masochismus der Unterwerfung unter einen Mann wird durch einen männlich konnotierten Masochismus der Selbstbeherrschung ersetzt. Die Frau beugt sich vor dem männlichen Prinzip, das den realen patriarchalischen Mann ersetzt. Sie bleibt gefangen in einem Gefängnis, dessen eigene Wärterin sie ist.

Die revolutionäre Glanzrolle, die Müller Dascha zudenkt, bleibt ein zweischneidiges Schwert. Für ihren Eintritt in die Welt erbringt die Frau einen hohen Preis. Das Leben ihrer Tochter.

2.1.3. Der Kampf mit der Hydra:
Symbolischer Muttermord

Das Intermedium „Herakles 2 oder die Hydra", welches vom ganzen Ensemble rezitiert werden kann, wodurch ihm universelle Bedeutung zukommt, geht auf den berühmten Mythos des großen Helden Herkules (lat.) oder Herakles (gr.) zurück. Der Kampf mit der Lernäischen Hydra ist seine zweite Aufgabe.

In der Gladkow-Novelle ist die Herkules-Metapher in das Portrait des Helden der Arbeit, Gleb, integriert, der die produktiven Kräfte des Sozialismus in Gang bringt. Doch Müller trennt den Herkules-Mythos von der Figur des Gleb ab. Die Metapher dient als Kommentar zum Kampf aller Revolutionäre. Sie teilt das Drama in zwei Teile. Der zweite Teil beginnt mit einer langen beherrschenden Szene, dem „Medea-Kommentar". Dieser enthält wichtige psychologische Bekenntnisse. Es gibt eine Auseinandersetzung zwischen Gleb und Dascha und später zwischen Polja und Iwagin. Der Szenentitel in Referenz zum Mythos, verleiht der Nachricht von Njurkas Tod traurige Wichtigkeit. Dabei unterstreicht der soziale Kontext von Njurkas Tod die Abstraktionen vom Mythos. Dascha hat genauso wie Gleb das Recht, sich gesellschaftlich zu engagieren. Anders formuliert hat Gleb ebensowenig das Recht, sein Kind zu vernachlässigen wie Dascha. Um das Dilemma zu komplizieren, war es eine Hungersnot, die Njurkas Tod verursachte, während ihre Eltern damit beschäftigt waren, gegen die Hungersnot anzukämpfen und eine produktive Wirtschaft aufzubauen.

Während der Text die Frauen voranstellt, stuft Müller auf einer semantischen Ebene das ‚Weibliche' als negative Kategorie ab. Diese Aufspaltung scheint widersprüchlich und verlangt nach einer Erläuterung. Die Mythisierung der Revolution findet ihre Entsprechung in der Verarbeitung antiker Mythen. Der Kampf des Heros mit dem Ungeheuer, der in der Russischen Revolution ein beliebtes Propagandamotiv war, wird von einer negativ konnotierten Geburtsmetaphorik überlagert. Das Ungeheuer umschlingt Herakles vollkommen, hüllt ihn ein, wie der Mutterschoß.

Paradoxerweise ist der Kampf gegen die Hydra bei Müller ein Kampf ums geboren werden, gegen den Leib der Mutter. Das mütterliche Element wird mit der Vorgeschichte gleichgesetzt, die Müllers Figuren zu überwinden haben, also mit der gegenrevolutionären Tendenz par excellence. [63a] Die Frau ist die musterhafte Revolutionärin, das Weibliche aber, dessen Kern die Gebärfähigkeit ist, stellt eine Bedrohung für den kämpfenden Mann und Revolutionär dar, auch ein fortlaufendes Motiv, wenn man an DIE KORREKTUR oder DER BAU denkt.

Nun wird verständlich, warum Dascha ihre Mutterschaft auslöschen muß, um sich zur Revolutionärin zu verwandeln. Daschas Tochter muß sterben, damit der Kreislauf von Geburt und Tod unterbrochen wird. Iwagin vergleicht Dascha mit Medea, die ihre Kinder zerriß und dem Mann in Stücken vor die Füße warf. Diese Handlung ist ein gewalttätiger Akt, doch Dascha verhält sich passiv. Ihre Tochter verhungert als Folge von Mißwirtschaft und Vernachlässigung, nicht als Folge einer aktiven Mordhandlung. Dascha ist keine Sphinx und keine Medea. Sie verkörpert keineswegs mythische Weiblichkeit, eher die Verneinung desselben. Der Medea-Impuls ist bei Dascha ein anderer. Sie ist nicht besessen von Jasons Verrat, sondern von der Revolution. Sie will männliche Ziele erreichen. Dazu übt sie eine Form von Gewalt aus, die nur darauf zweck-gerichtet ist. Dieses Verhalten verunsichert die Männer. Der Akt der Rollenzer-reißung ruft bei Gleb Entsetzen hervor, denn die Geliebte und Mutter, also ein durch Funktion bestimmtes Objekt, wandelt sich in etwas anderers, neues, un-bekanntes, gewalttätiges, männliches, kaltes.

> „IWAGIN Medea war die Tochter eines Viehhalters in Kolchis. Sie liebte den Eroberer, der ihrem Vater die Herden wegnahm. Sie war sein Bett und sei-ne Geliebte, bis er sie wegwarf für ein neues Fleisch. Als sie vor seinen Augen die Kinder zerriß, die sie ihm geboren hatte und in Stücken vor die Füße warf, sah der Mann zum erstenmal, unter dem Glanz der Geliebten, unter den Narben der Mutter mit Grauen das Gesicht der Frau."[63]

Iwagins Vergleich mit der Medea ist aus den eben genannten Gründen merk-würdig inkongruent. Der mythische Bezug und die Textebene gehen demnach auseinander, wenn man davon absieht, daß der Anknüpfungspunkt der Weib-lichkeitsthematik die Beziehung zur Mutterrolle bleibt. Es lassen sich demen-tsprechend drei Frauentypen festmachen: die Mutter, eine durch und durch be-drohliche Instanz, die Unbeweglichkeit, Erstarrung, Immanenz, Vorgeschichte, Gegenrevolution, (in den Produktionsstücken noch Hoffnung!) bedeutet. Die Frau, die ihre Mutterrolle verneint und sich männlichen Zielen erfolgreich an-schließt. Die Frau, die ihre Mutterrolle radikal verneint, ohne sich irgendwel-chen männlichen oder rationalisierbaren Zielen anzuschließen. Beide Male geht von der Verneinung der Mutterrolle eine Befreiung aus. In ZEMENT ist der zweite Typ favorisiert. Müllers Interesse verschiebt sich später in der HAM-LETMASCHINE ganz auf den Typ der irrational revoltierenden Frau.

Was bedeutet aber die Tatsache, daß in ZEMENT die Summe der gegen-revolutionären Kräfte ein weibliches Vorzeichen erhält? Was macht den Mut-terschoß zu einer Bedrohung für den Revolutionär? Der tiefere Grund liegt in

---

[63a] Bettina Gruber "... die Göttin, die der Gott sich aus dem Kopf schnitt"; in: Helga Gru-bitzsch, Maria Kublitz, Dorothea Mey, Ingeborg Singendonk-Heublein (Hrsg.): "Frauen - Literatur- Revolution"; Pfaffenweiler, 1992; Vgl. S. 317
[63] Heiner Müller: "ZEMENT"; in: (ders.) "Geschichten aus der Produktion 2"; Berlin,1975; S. 114

dem „radikal verdammenden" Blick, den Müller auf die Geschichte wirft, wie viele Kritiker ihm vorwerfen. Und aufgrund der Tatsache, daß der Mensch die Geschichte zwar hervorbringt, aber nicht bewußt produziert, ist sie auch nicht lenkbar. Marx bezeichnet sie als „Naturgeschichte", Müller interpretiert sie als unberechenbare Naturgewalt.[64] Die Gesellschaft tritt dem Menschen als Natur entgegen, als selbstproduzierter Dschungel. Dabei identifiziert der Mann die Frau und den Geburtsvorgang mit der unberechenbaren Natur. ZEMENT nimmt einen totalen Ausbruch aus der weiblichen Urgeschichte ins Visier, übrig bleibt ein leerer Raum, „was anfängt ist noch blind".[65]

Müller ist aber gleichzeitig dem emanzipatorischen Denken verpflichtet, das die Frau auf die Seite historisch unterdrückter Gruppen zuordnet. Innerhalb derer nimmt sie sogar noch eine untergeordnete Position ein. In der Umkehrung läßt sie das als eine besonders prädistinierte Vorkämpferin der Revolution erscheinen.

Was für Schlußfolgerungen lassen sich daraus für die Konzeption von Weiblichkeit bei Müller ziehen? Zunächst die Interpendenz zwischen Weiblichkeit und Revolution: Revolution ist, was sich aus der mütterlichen Umklammerung der Vorgeschichte löst und sich selbst gebiert, also eine Wegbewegung vom Weiblichen, von der Welt der allesverschlingenden Mutter.

Dargestellt wird hier eine Frau, die Reproduktion verweigert. Das bedeutet Revolution auf der Ebene des Weiblichen, die Wiederholung schafft sich selbst ab. Sie bildet die Parallele zur Verweigerung der Reproduktion historischer Zustände. Die individualisierte Frau, die gute Genossin und Vorkämpferin, ist die vermännlichte Frau mit Phallus, während die Bedrohung der Revolution von polypenartig verschlingender Weiblichkeit ausgeht.

Wenn Genia Schulz festgehalten hat, es gebe in Heiner Müllers frühen Stücken keine spezifische Frauenthematik, so trifft das auch auf ZEMENT zu.

---

[64] Bettina Gruber "... die Göttin, die der Gott sich aus dem Kopf schnitt"; in: Helga Grubitzsch, Maria Kublitz, Dorothea Mey, Ingeborg Singendonk-Heublein (Hrsg.): "Frauen - Literatur- Revolution"; Pfaffenweiler, 1992; Vgl. S. 316 ff.
[65] Heiner Müller: "ZEMENT"; in: (ders.) "Geschichten aus der Produktion 2"; Berlin,1975; S.79

Die Figur der Dascha als ideale Revolutionärin ist ein Ergebnis symbolischen Sprechens und symbolischer Zuschreibung. Die Frauenproblematik ist dabei nur ein Nebenprodukt. Diese Konstruktion in ZEMENT steht durchaus nicht isoliert in Müllers Werk, sondern stellt im Gegenteil eine seiner Grundkonstellationen dar.[66]

Carlotta von Maltzan spricht die Frage an, ob Müllers Dramen „verzweifelte Haß- und Abgesänge auf die Geschichte" sind, in denen sich "Ängste und Obsessionen, Verzweiflung und Protest breitmachen, die gekennzeichnet sind von tiefer Hoffnungslosigkeit, so daß der Vorwurf des Geschichtspessimismus eben doch gerechtfertigt ist" [67], wie einige Kritiker wie Harich, Schneider, Wieghaus behaupten, daß seine späteren Stücke nur auf die voyeuristische Vorführung von Zerstörung, Schlachten und Selbstzerfleischung hinauslaufen.[68]

Doch eine derartige Interpretation von Müllers Werk läßt einen sehr wichtigen Aspekt, nämlich die Bedeutung der Revolution außer Acht . „Hinzu komme", so Maltzan, "daß die bisher noch nicht berücksichtigte Verwendung von Frauenfiguren entscheidende Ausgangsbereiche in den Müllerschen Texten wesentlich beeinflusse." Sie empfiehlt zu untersuchen, wie Frauenfiguren von männlichen Figuren perzipiert werden, aber auch wie sie sich selbst darstellen. Wenn der Hydratext nach Maltzan als Müllers Credo gelten darf, so ist seine Aussage ihrer Meinung nach wie folgt zu formulieren: Der Vollzug der Revolution und die darauffolgende notwendige Neuorientierung birgt nicht die Garantie für die Einlösunng der Utopie. Die Schwierigkeit, eine endgültige Entscheidung im Kampf zwischen vorrevolutionärer und nachrevolutionärer Zeit zu erreichen oder zu erhoffen, daß die Revolution eine Lösung der vorgeschichtlichen Probleme birgt, wird bei der Betrachtung von Herkules' Gegner umso deutlicher. Mit der Hydra-Metapher läßt sich nach Maltzan die folgende Bedeutung verbinden; sie ist Wald, Tier, Wind, Erde und damit der äußeren

---

[66] Genia Schulz: "Abschied von Morgen. Zu den Frauengestalten im Werk Heiner Müllers" in: Heinz Ludwig Arnold (Hrsg.): Text und Kritik, Heft 73, München, 1982, Vgl. S. 320 ff.
[67] Carlotta von Maltzan: "Zur Bedeutung von Geschichte, Sexualität und Tod im Werk Heiner Müllers", Frankfurt am Main, 1988; Vgl. S. 101

53

Natur d.h. seine Umgebung, selbst der Boden auf dem er steht ist sein Feind, dem er nicht entkommen kann und schlimmer noch, den er auch nicht mehr sehen kann, etwas „nicht mehr Kenntliches" Somit steigert Müller den Mythos bis ins Extrem.[69]

> „Das zu tötende Monstrum, das die Zeit in ein Exkrement im Raum verwandelt hatte, war nur noch die Benennung von etwas nicht mehr Kenntlichem."[70]

Im Kampf Natur versus Kultur sind Kämpfer und Gegner, Gut und Böse kaum noch unterscheidbar, Subjekt und Objekt nicht mehr klar voneinander getrennt. Zweitens bezeichnet die Hydra-Metapher den von der Russischen Revolution zu bekämpfenden Weltimperialismus, was dadurch zu belegen ist, daß der Text unmittelbar an die Szene anknüpft, in der die Worte von der ausbleibenden Revolution in Deutschland fallen. Damit wird auf die isolierte Position der Russischen Revolution verwiesen, die vom Imperialismus eingekreist war. Die dritte Assoziaton in Verbindung mit dem Hydramotiv bezeichnet Maltzan als die wichtigste. Der Kampfprozeß bezieht sich auf die Revolution selbst und zwar in doppelter Hinsicht. Zum einen bedeutet die Schlacht mit dem Gegner, die Schlacht der Russischen Revolution gegen den Weltimperialismus. Zum anderen setzt die äußere Revolution eine innere voraus. Die gesellschaftliche Umwälzung bedeutet für das Individuum den Tod des alten ich. Das zu bekämpfende Monstrum gibt sich zu erkennen in der Union von Feind und Schlachtfeld. In diesem Zusammenhang taucht auch die Metapher des Schoßes auf.[71]

---

[68] Carlotta von Maltzan: "Zur Bedeutung von Geschichte, Sexualität und Tod im Werk Heiner Müllers", Frankfurt am Main, 1988; Vgl. S. 101
[69] Carlotta von Maltzan: "Zur Bedeutung von Geschichte, Sexualität und Tod im Werk Heiner Müllers", Frankfurt am Main, 1988; Vgl. S. 102 ff.
[70] Heiner Müller: "ZEMENT"; in: (ders.) "Geschichten aus der Produktion 2"; Berlin, 1975; S. 101
[71] Carlotta von Maltzan: "Zur Bedeutung von Geschichte, Sexualität und Tod im Werk Heiner Müllers", Frankfurt am Main, 1988; Vgl. S. 109

„Der Schoß, der ihn behalten wollte. Die alte Gleichung. Jeder Schoß, in den er irgendwie geraten war, wollte irgendwann sein Grab sein. *Und das alte Lied. Ach bleib bei mir und geh nicht fort. An meinem Herzen ist der schönste Ort.*"[72]

Nach Maltzan droht immer wieder die Gefahr, sich nicht vom alten Ich zu befreien oder auf den revolutionären Prozeß bezogen, kann es sich nicht von den Ketten des Imperialismus lösen. Die Voraussetzung der Vergangenheitsüberwindung ist die Forderung: „Tod den Müttern". Aus psychoanalytischer Sicht bedeutet das: der Anfang für die Überwindung des Ich ist die endgültige Abtrennung von der Nabelschnur zur Mutter. Setzt dieser Prozeß nicht ein, wird dem Ich von der Mutter der Tod bereitet: „Skandiert vom Knacken seiner Halswirbel im mütterlichen Würgegriff."[73]

In der dritten Bedeutung der Hydra-Metapher zeigt sich also die Hydra als Mutter des Individuums und des Sozialismus, wobei die Revolution sich als Geburtsprozeß darstellt Iwagin aus ZEMENT bekräftigt dies: „Ja. Wer wird die Revolution nach ihrer Mutter fragen, die der Kapitalismus war [...]".[74]

Die Forderung „Tod den Müttern" würde gleichzeitig den Haß auf das Startloch beenden, da eine Suche nach dem Ursprung hinfällig wäre, der Schoß würde nicht mehr Grab, Grube oder Loch sein. Somit wäre gleichzeitig der Ödipuskomplex überwunden, insofern Ödipus Sohn des Kapitalismus, der Welt (Natur) als auch der eigenen Mutter ist.[75]

2.2. MEDEASPIEL
Rollenzerreißung und vaginale Todesdrohung

Bei Müller steht die mythische Dimension der Frau exemplarisch für die Konzeption von Frauenfiguren in den Dramen, da die Rolle, die hier die Frau ein-

---

[72] Heiner Müller: "ZEMENT"; in: (ders.) "Geschichten aus der Produktion 2"; Berlin, 1975; S. 102

[73] Heiner Müller: "ZEMENT"; in: (ders.) "Geschichten aus der Produktion 2"; Berlin, 1975; S. 102

[74] Heiner Müller: "ZEMENT"; in: (ders.) "Geschichten aus der Produktion 2"; Berlin, 1975; S. 115

[75] Carlotta von Maltzan: "Zur Bedeutung von Geschichte, Sexualität und Tod im Werk Heiner Müllers", Frankfurt am Main, 1988; Vgl. S. 106 ff.

55

nimmt sowohl auf die früheren weiblichen Figuren zurückverweist, als auch bestimmte Entwicklungen in seinen späteren Stücken antizipiert.

Im Drama MEDEASPIEL zeigt sich eine besonders enge Verbindung von Müllers Theaterkonzeption und der daraus resultierenden Figurenkonzeption. Seine Formel fürs Theater stellt Müller wie folgt dar:

> „Die Formel für Theater ist einfach Geburt und Tod. Der Effekt von Theater, seine Wirkung ist die Furcht vor Veränderung, denn die letzte Veränderung ist der Tod. Man kann auf zwei Weisen mit dieser Angst umgehen: in der Komödie, indem man die Angst vor dem Tod lächerlich macht; oder in der Tragödie, indem man ihn feiert."[76]

In dieser Formel verbirgt sich Müllers Geschichtsauffassung, verbirgt, denn um das Kontinuum der Gewalt zu sprengen, muß der Kreislauf von Geburt und Tod zumindest in seiner traditionellen Konzeption zerstört und neu konzeptioniert werden. Wie schon gezeigt wurde, wird die Frau für Geburt und Tod verantwortlich gemacht. Daraus kann man schließen, daß auch in der Frau die Möglichkeit zu geschichtlicher Veränderung verborgen ist.

Im MEDEASPIEL bezieht sich Müller nicht auf die Frauenthematik per se, sondern wieder steht der Geschichtskonflikt gebunden an die Frau als Mutter im Mittelpunkt. Die Idee, die Vorgeschichte bis auf ihr Skelett zu reduzieren, entspricht für Müller dem Ausganspunkt der DDR, in der man sich noch mit Vorgeschichte auseinandersetzen muß.

In der reduzierten Szenerie beschreibt er den Kreislauf von Zeugung, Geburt und Tod, anhand der unmenschlichen sexuellen Beziehung zwischen Mann und Frau, um so auch die Basisentwicklung von Geschichte darzustellen.

Beide Figuren, das Mädchen und der Bräutigam werden jeweils von zwei weiblichen und zwei männlichen Figuren mit Totenmasken in ihre Rollen eingeführt. Diese Figuren können als Repräsentanten einer abgestorbenen Gesellschaft gedeutet werden. Die Zusammenführung von Braut und Bräutigam erin-

---

[76] Heiner Müller: "Gesammelte Irrtümer 1", 1. Auflage, Frankfurt am Main, 1986; S. 102

nert an archaische Gesellschaften, die Menschenopfer praktizieren (das Fesseln und Schmücken der Braut) oder an die Eherituale der westlichen Zivilisation.[77]

Das Mädchen wird von den weiblichen Totenmasken mit dem Gürtel des Brautkleids an das Bett, als Prodkuktions-Ort gefesselt, welchem auch schon in ZEMENT eine zentrale Stellung zukam. Daran zeigt sich Müllers Kritik an der traditionellen Determinierung der Frau auf Sexualität.

Der Bräutigam wird von den männlichen Totenmasken mit dem Gesicht zur Braut positioniert. Darauf folgt ein animalischer Verführungsakt des Mannes. Er balzt wie ein Gockel,

> „[...]steht Kopf, läuft auf den Händen, schlägt Rad vor ihr usw; sie lacht lautlos. Er zerreißt das Brautkleid und nimmt seinen Platz bei der Braut ein. Projektion: Geschlechtsakt."[78]

Die Verführung des gefesselten Mädchens wird zur grotesken Vergewaltigung. Die Hochzeitsnacht ist reduziert auf den geschlechtlichen Akt. Es ist fraglich, ob ihre Reaktion - das lautlose Lachen - eher als Hohn oder als Zustimmung zu deuten ist. Demgegenüber kann der Geschlechtsakt durch die Zerreißung des Brautkleis als Vergewaltigung entlarvt werden. Nun wird die Braut nicht nur völlig bewegungsunfähig, sondern auch mundtod gemacht.

> „Mit den Fetzen des Brautkleids fesseln die männlichen Totenmasken die Hände und die weiblichen Totenmasken die Füße der Frau ans Bett. Der Rest dient als Knebel."[79]

Das Brautkleid steht für die Instituton Ehe und bedeutet, daß die Frau ab dem Zeitpunkt der Eheschließung an das Bett als den Ort der Sexualität gefesselt ist. Erst nach der Hochzeitsnacht wird aus dem Mädchen eine Frau. Der Knebel deutet auch auf Eheprobleme und Kommunikationsstörungen hin. De facto wird auch in der reduzierten Szene kein Wort gesprochen.

---

[77] Carlotta von Maltzan: "Zur Bedeutung von Geschichte, Sexualität und Tod im Werk Heiner Müllers", Frankfurt am Main, 1988; Vgl. S. 129 ff.
[78] Carlotta von Maltzan: "Zur Bedeutung von Geschichte, Sexualität und Tod im Werk Heiner Müllers", Frankfurt am Main, 1988; Vgl. S. 129 ff.
[79] "MEDEASPIEL" in Heiner Müller: "Die Umsiedlerin oder das Leben auf dem Lande"; Berlin, 1975; S.17

In der nächsten Phase wird der Zuschauer direkt in das Bühnengeschehen miteinbezogen. Der Mann wiederholt vor den weiblichen Zuschauern den gleichen animalischen Verführungsakt, während die Frau an ihre Rolle der werdenden Mutter und Produzentin gefesselt ist. Diese Szene spiegelt die realistische Situation des Seitensprungs in der Ehe wieder. Die Geburt dient dazu, die Handfesseln durch das Kind zu ersetzen, während der Mann gleichzeitig von den männlichen Totenmasken so mit Waffen behängt wird, daß er sich nur noch kriechend fortbewegen kann. Der Krieger repräsentiert das männliche Prinzip, die gewaltsame Geschichte. Kontrastierend dazu ist für die Frau die typische Entwicklung von der Braut über die Geschlechtspartnerin zur Mutter festgehalten. Sie beendet das Rituelle des Vorgangs mit Gewalt, indem sie ihr Gesicht abnimmt und das Kind tötet wie Medea. Damit befreit sie sich von den Unterdrückungsmechanismen: Geschlechtlichkeit, Zeugung und Geburt, als ihrer einzigen Möglichkeit, den Kreislauf der gewaltsamen Geschichte zu beenden. Müller zeigt hier die Beendigung des Patriarchats als historischem System, das in der Geschichte beginnt und nur durch einen historischen Prozeß beendet werden kann. Müller knüpft seine Hoffnung auf die Beendigung der Vorgeschichte an die Emanzipation der Frau.

Für Genia Schultz wurde die Tötung des Kindes vom Mann produziert, was aber nur in sekundärer Hinsicht zu bestätigen ist, indem die Frau den Haß auf den Mann auf dass Kind überträgt.

Carlotta von Maltzan hingegen unterstreicht, daß der einzige Tötungsakt auf der Bühne von der sich befreienden Frau ausgeht. [80] Sie betont, daß sich die Aussage im Gesamtkontext von Müllers Werk, gerade im Zusammenhang mit dem Hydratext komplexer liest:

Die Frau als Mutter produziert Mörder. Indem sie gebiert, mordet sie. Deshalb wird der Mann während dem Geburtsprozeß zum Krieger und Schlächter. Der Kreislauf von Zeugung, Geburt und Tod wird erst dann entscheidend verändert, wenn die Frau ihr Gesicht abnimmt und das Antlitz der rächenden

---

[80] Carlotta von Maltzan: "Zur Bedeutung von Geschichte, Sexualität und Tod im Werk Heiner Müllers", Frankfurt am Main, 1988; Vgl. S. 130 ff.

Medea enthüllt. Indem sie ihr Kind tötet, bevor es zum Schlächter werden kann, greift die Frau aktiv in die Geschichte ein. Sie negiert den Erzeuger indem sie die Teile des zerrissenen Kindes in die Richtung des Vaters wirft. Der Mann wird von Trümmern, Gliedmaßen und Eingeweiden begraben.

Letztendlich auf den Sozialismus bezogen bedeutet die Rollenzerreißung der Frau, daß eine kapitlaistische Klassengesellschaft, zu deren Konzeption auch Kriege und Gewalt gehören, negiert und zerstört wird. Beide, sowohl die aktiv in die Geschichte eingreifende Frau als auch der Mann, dem seine Rolle als Krieger aberkannt wird, müssen neu definiert werden.

Müller führt hier eine von Marx und Engels eingeleitete Argumentation zu Ende, die in der Unterwerfung der Frau unter den Mann den geschichtlichen Prototyp für alle Machtsysteme und für die Unterdrückung schlechthin sahen.[81]

Die Unterwerfung der Frau ist aber nicht nur ein wirtschaftliches und politisches Ereignis, denn sie stellt sich auch als gesellschaftliches und psychologisches Phänomen dar. In patriarchalischen Gesellschaftsformen verkörpert die Frau die Einheit von Geburt und Tod. Weil sie Gebärerin ist, wird sie zur auch Mörderin. Der weibliche Schoß, dessen auch von Müller verwendete Bezeichnung ‚Loch' selbst schon in diesem Sinne zweideutig ist, wird in den Mythen archaischer Völker ebenso wie in der abendländischen Literatur zum Grab, zum Haus des Todes. [82] Diese vaginale Todesdrohung materialisiert sich im ME-DEASPIEL in Form von Geschlechtsakt, Geburtsakt und Tötungsakt.

Die männlichen Sexualängste als Todesängste nehmen in Heiner Müllers männlich gewalttätigen Texten einen grossen Raum ein; nicht nur seine Protagonisten und die Mehrzahl seiner Figuren sind Männer; aus ihrer spezifischen Sicht entwickelt sich auch die Thematik. Müller steht zu seiner gesellschaftlich produzierten männlichen Gewalt und leidet zugleich an ihr, er äußert seine Ängste vor der aktiven, tötenden Frau und sieht in ihr als Rächerin doch zu-

---

[81] Carlotta von Maltzan: "Zur Bedeutung von Geschichte, Sexualität und Tod im Werk Heiner Müllers", Frankfurt am Main, 1988; Vgl. S. 132 ff.
[82] Florian Vaßen: "Der Tod des Körpers in der Geschichte."; in Heinz Ludwig Arnold (Hrsg.): Text und Kritik, Heft 73, München, 1978; Vgl. S. 52 ff.

gleich die Hoffnung auf Veränderung, denn ihr gelingt es, sich mit der Kraft ihrer körperlichen Sinnlichkeit aus der Domestizierung zu befreien.[83]

2.3. VERKOMMENES UFER MEDEAMATERIAL LANDSCHAFT MIT ARGONAUTEN
Auflösung der Geschlechter

In einem Interview antwortet Müller auf die Bemerkung, „daß Verrat und Tod bei ihm doch nicht zufällig im Bild einer monströs verführerischen Frau, in die man sich hineinstürzt und in der man untergeht, erscheinen":

> „Die voyeuristische Haltung mit der sie mich nach diesen Dingen fragen finde ich interessant. Voyeurismus ist für mich ein Hauptcharakteristikum der bundesrepublikanischen Gesellschaft und ein Grund für die oberflächliche Rezeption meiner letzten Stücke."[84]

Aus diesem Grund schlägt er in der Regieanweisung vor, den ersten Teil des Dramas in einer Peep Show aufzuführen, denn

> „Die Peep Show ist eine sakrale Einrichtung. In der Mitte steht der Altar, der sich dreht, auf dem - als Gottesersatz - die unantastbaren Göttinen postiert sind. Das Objekt Frau wird durch diese Präsentation auch vom Objektstatus emanzipiert. Als Metapher für den Zustand einer Gesellschaft ist das eine tolle Erfindung. In Gestalt von Sperma werden diesen säkularisierten Madonnen dann Menschenopfer für den Fortbestand der Gattung gebracht. [...] Eines meiner Lieblingsbilder ist es, mir Brecht in der Peep-Show vorzustellen."[85]

Dem Vorwurf, daß er sich mit dem mythologischem Stoff immer mehr von der Gegenwart entfernt stellt er entgegen, daß sein Stück ein Teil Resteverwertung ist.

Der erste Teil des Stücks ist ein Sprechtext bei dem es keine Personenangaben gibt, nur noch die „Spur Flachstirniger Argonauten". [86] Der Tod be-

---

[83] Florian Vaßen: "Der Tod des Körpers in der Geschichte."; in Heinz Ludwig Arnold (Hrsg.): Text und Kritik, Heft 73, München 1978; Vgl. S. 52 ff.
[84] Heiner Müller: "Gesammelte Irrtümer 1", 1. Auflage, Frankfurt am Main, 1986; S. 134
[85] Heiner Müller: "Zur Lage der Nation"; Berlin, 1990; Vgl. S. 75
[86] Heiner Müller: "VERKOMMENES UFER MEDEAMATERIAL LANDSCHAFT MIT ARGONAUTEN"; in: (ders.) "Herzstück", Berlin, 1983; Vgl. S. 91

herrscht die düstere Endzeit-Szenerie. Verwesung und blutige Monatsbinden sind die einzigen Überbleibsel der modernen Gesellschaft.

> „Fischleichen Glänzen im Schlamm Keksschachteln
> Kothaufen
>   FROMMS ACT CASINO
> Die zerrissenen Monatsbinden Das Blut
> Der Weiber von Kolchis
> ABER DU MUSST AUFPASSEN JA
> JA JA JA JA
> SCHLAMMFOTZE SAG ICH ZU IHR DAS IST MEIN MANN."[87]

Die Monatsbinden und das Blut stehen für die Unreinheit der Frau aus der Sicht des Mannes. In der Medizingeschichte wurde Menstruation nach der Viersäfte-lehre mit Unreinheit gleichgesetzt, das Blut wurde einerseits als Gift und andererseits als magisches Mittel angesehen, mit dem die Frau Macht über den Mann gewinnen konnte, indem sie es z.b. in Zauber- oder Liebestränke mischte, Medea war eine archaische Zauberin. Ab dem 16. Jahrhundert galt das Menstrualblut auch als Zeichen der Fruchtbarkeit einer Frau. [88] Auf einer anderen Ebene ist die Menstruation das Gegenteil der Schwangerschaft.

In diesem Zusammenhang ist die Sprecher-Stimme mit einem weiblichen Vorzeichen versehen. Die betrogene Medea verflucht ihre Konkurrentin und schwört Rache. ("SCHLAMMFOTZE [...]DAS IST MEIN MANN"). Sie verkündet weiter von der Sinnlosigkeit der Existenz, von der Eintönigkeit des Alltags bis zum Tod.

> „Sie hocken in den Zügen Gesichter aus Tagblatt und
>   Speichel
> Starrn jeder in der Hose ein nacktes Glied auf gelacktes Fleisch
> Rinnstein der drei Wochenlöhne kostet Bis der
>   Lack
> Aufplatzt Ihre Weiber stellen das Essen warm hängen
>   die Betten in die Fenster bürsten
> Das Erbrochene aus dem Sonntagsanzug Abflußrohre Kinder

---

[87] Heiner Müller: "VERKOMMENES UFER MEDEAMATERIAL LANDSCHAFT MIT ARGONAUTEN"; in: (ders.) "Herzstück", Berlin, 1983; Vgl. S. 91
[88] Manuel Simon: "Heilige, Hexe, Mutter. Der Wandel des Frauenbildes durch die Medizin im 16. Jahrhundert"; Berlin, 1993; Vgl. S.81 ff.

ausstoßend in Schüben gegen den Anmarsch der
Würmer."[89]

Medea oder die weiblich konnotierte Stimme kritisiert die traditionellen Geschlechtsvorstellungen. Die Frau produziert Kinder gegen den Angriff der Würmer, um ihrer eigenen Endlichkeit zu entkommen, während der Mann seine Sterblichkeit durch Triebhaftigkeit zu überwinden sucht.

Darauf wird die weibliche Stimme von einer männlichen abgelöst, die ihrerseits männliche Standpunkte vertritt und dabei an die Einstellung der hedonistischen Chauvinisten aus den Produktionsstücken erinnert.

"Schnaps ist billig
Die Kinder pissen in die leeren Flaschen
Traum von einem ungeheuren
Beischlaf in Chicago
Blutbeschmierte Weiber in den Leichenhallen."[90]

Die männliche Stimme betont die männliche Triebhaftigkeit, die Mülller durch nekrophile Wunschträume des Sprechers bis ins Extrem steigert. Diese Sexual-Phantasie beschreibt die perversen, entmenschlichten Zustände in einer Welt, in der keine zwischenmenschlichen Beziehungen mehr möglich sind und die Sexualität zum Kampfinstrument im Geschlechterkrieg geworden ist. Von den „toten Weibern" geht für den Mann keine (Kastrations-)Gefahr aus Andererseits gibt Müller in "Jenseits der Nation" einen anderen Hinweis darauf, wie er die Nekrophilie gedeutet haben will:

„Nekrophilie ist die Liebe zur Zukunft. Man muß die Anwesenheit der Toten als Dialogpartner oder Dialogstörer akzeptieren - Zukunft entsteht allein aus dem Dialog mit den Toten."[90a]

Die erste Szene endet mit dem Bild der Medea auf dem Grund des Sees, im Arm den zerstückelten Bruder, den sie für Jason verraten und getötet hat. „Die Kennerin der Gifte", [91] der Zauberin wurde durch den Mann ihre Zauberkraft

---

[89] Heiner Müller: "VERKOMMENES UFER MEDEAMATERIAL LANDSCHAFT MIT ARGONAUTEN"; in: (ders.) "Herzstück", Berlin, 1983; Vgl. S. 91
[90] a. a. O.; Vgl. S. 91
[90a] Heiner Müller: "Jenseits der Nation"; 2. Auflage; Köln, 1997; S. 31
[91] Heiner Müller: "VERKOMMENES UFER MEDEAMATERIAL LANDSCHAFT MIT ARGONAUTEN"; in: (ders.) "Herzstück", Berlin, 1983; Vgl. S. 92

entzogen, sie brachte Unglück mit dem Verrat über ihre Sippe. Sie ließ sich durch vermeintliche Liebe in den Sog der Unterdrückung hinabziehen, wurde nur vom Mann benutzt. Jetzt ist sie auf den Grund des Sees, dem Wasser der Geschichte angekommen.

Der zweite Teil des Stücks LANDSCHAFT MIT ARGONAUTEN ist eng an den Argonauten-Mythos angelehnt. Medea führt ein Zwiegespräch mit ihrer Amme und erfährt wie in der antiken Tragödie durch sie von Jasons Verrat. Müller selbst sagt über diesen Textteil:

„Der Dialogteil von >Medeamaterial< ist fast das Stenogramm eines Ehestreits im letzten Stadium oder in der Krise einer Beziehung."[91a]

Ihre Enttäuschung mündet in der Todessehnsucht:

„MEDEA

Ich
Bin nicht erwünscht hier Daß ein Tod mich wegnähm
Dreimal fünf Nächte Jason hast du nicht
Verlangt nach mir Mit deiner Stimme nicht
Und nicht mit eines Sklaven Stimme noch
Mit Händen oder Blick

JASON

Was willst du

MEDEA

Sterben"[92]

Nach dem Verrat an ihrem Volk ist Medea in einem fremden Land, in einem feindlichen Kulturkreis abhängig von Jason, der zum Zentrum ihres Lebens geworden ist. Daher trifft sie der Verrat doppelt so stark. Sie ist das heimische Weibchen am Herd, die Mutter, die nächtelang auf ihren Mann wartet. Nach der Geburt ist sie wie z.B. die Bauersfrauen in den Produktionsstücken für den Mann wertlos. Mit Jasons Frage "Was warst du vor mir Weib" [93] macht er wie-

---

[91a] Heiner Müller: "Krieg ohne Schlacht"; Köln,1994; S. 319
[92] Heiner Müller: "VERKOMMENES UFER MEDEAMATERIAL LANDSCHAFT MIT ARGONAUTEN"; in: (ders.) "Herzstück", Berlin, 1983; Vgl. S. 93
[93] Heiner Müller: "VERKOMMENES UFER MEDEAMATERIAL LANDSCHAFT MIT ARGONAUTEN"; in: (ders.) "Herzstück", Berlin, 1983; Vgl. S. 93

63

der deutlich, daß eine Frau ohne Mann nichts wert ist, doch Medea antwortet ihm: "Du bist mir einen Bruder schuldig Jason."[94]

Mit der Forderung nach einem Ersatz für ihren Bruder will sie das Vergangene ungeschehen machen. Jason antwortet ihr, daß sie für einen Bruder von ihm zwei Söhne bekommen habe.

Plötzlich beginnt Medea zu dominieren, was sich an ihrem überdimensionalen, monologischen Sprachanteil über drei Seiten zeigt, indem sie die Rache an ihrer Widersacherin plant. Während Jason nur noch entsetzt „Medea" ausstoßen kann.

„MEDEA
Wollt ihr sie brennen sehen die neue Braut
Das Brautkleid der Barbarin ist begabt
Mit fremder Haut sich tödlich zu verbinden
Wunden und Narben geben gutes Gift
Und Feuer speit die Asche die mein Herz war".[95]

Die Frau beweist Entschlossenheit gegenüber dem Mann, der sich als frauenabhängig erweist. Nur mit Medeas Hilfe konnte er das Goldene Vlies erlangen, das ihm Heldenruhm einbrachte. Jetzt versucht er wieder mit Hilfe einer Frau, diesmal der Königstochter eine herausragende gesellschaftliche Stellung zu erlangen. Ohne die Frau ist der Held nichts wert. Hier zeigt sich Müllers Einstellung, daß hinter jedem starken Mann eine noch stärkere Frau steht.

Die mythologische Medea ist die Zerstörerin per se. Bei Müller verharrt ihre Rebellion jedoch auf einer sprachlichen Ebene. Zornig schreit sie ihre Zerstörungswut heraus.

„Heute ist Zahltag Jason Heute treibt
Deine Medea ihre Schulden ein
Könnt ihr lachen Der Tod ist ein Geschenk
Aus meinen Händen sollt ihr das empfangen [...]
Wär ich das Tier geblieben das Ich war
Eh mich ein Mann zu seiner Frau gemacht hat

---

[94] Heiner Müller: "VERKOMMENES UFER MEDEAMATERIAL LANDSCHAFT MIT ARGONAUTEN"; in: (ders.) "Herzstück", Berlin, 1983; Vgl. S. 94
[95] Heiner Müller: "VERKOMMENES UFER MEDEAMATERIAL LANDSCHAFT MIT ARGONAUTEN"; in: (ders.) "Herzstück", Berlin,1983; Vgl. S. 96

> Medea die Barbarin Jetzt verschmäht
> Mit diesen meinen Händen der Barbarin
> Händen zerlaugt erstickt zerschunden vielmal
> Will ich die Menschheit in zwei Stücke brechen
> Und wohnen in der leeren Mitte ich
> Kein Weib kein Mann Was schreit ihr [...]"[96]

Nach Maltzan präsentiert diese Szene eine sprachliche Variante des ME-DEASPIELS, denn ähnlich wie die Frau dort hat Medea das Gesicht abgenommen. Nach dem Zerstörungsakt nimmt sie eine neue Identität an, ist asexuell weder Frau noch Mann. Am Ende kennt sie Jason nicht mehr.[97]

Müller stellt die Argonauten-Sage als den „frühesten Mythos einer Kolonisierung"[98] dar, der auch die Barbarin Medea zur kultivierten, unterdrückten und ausgebeuteten Frau macht. Erst als sie sich auf ihre medialen Fähigkeiten zurückbesinnt, indem sie das Hochzeitskleid ihrer Konkurrentin vergiftet, kann sie sich von der männlichen Abhängigkeit befreien.

Im dritten Textteil LANDSCHAFT MIT ARGONAUTEN ist Medea als identifizierbare Figur nicht mehr präsent. An der weiblichen Medeafigur manifestiert sich nach Maltzan eine Endzeitvorstellung, mit der eine Absage an die Geschichte formuliert wird. Die Argonauten als seefahrende Abenteurer werden nur noch durch Assoziationen in den Zusammenhang mit den beiden vorherigen Textteilen gestellt, wenn z.B. vom Anker als letzte Nabelschnur gesprochen wird oder wenn aus ‚La Paloma' „Seemannsbraut ist die See" zitiert wird. Das Ich, von dem im Text die Rede ist, befindet sich in einer Identitätskrise, nicht in der Lage sich zu definieren oder in Bezug zur Welt zu setzen.[99]

---

[96] Heiner Müller: "VERKOMMENES UFER MEDEAMATERIAL LANDSCHAFT MIT ARGONAUTEN"; in: (ders.) "Herzstück", Berlin, 1983; Vgl. S. 97
[97] Carlotta von Maltzan: "Zur Bedeutung von Geschichte, Sexualität und Tod im Werk Heiner Müllers", Frankfurt am Main, 1988; Vgl. S. 162
[98] Heiner Müller: "Gesammelte Irrtümer 1", 1. Auflage, Frankfurt am Main, 1986; S. 130
[99] Carlotta von Maltzan: "Zur Bedeutung von Geschichte, Sexualität und Tod im Werk Heiner Müllers", Frankfurt am Main,1988; Vgl. S. 164

„Soll ich von mir reden Ich wer
von wem ist die Rede wenn von mir die Rede geht ich wer ist
das im Regen aus Vogelkot Im Kalkfell Oder anders Ich eine
Fahne ein blutiger Fetzen ausgehängt Ei Flattern zwischen
Nichts und Niemand Wind vorausgesetzt Ich Auswurf eines
Mannes Ich Auswurf Einer Frau Gemeinplatz auf Gemeinplatz
Ich Traumhölle Die meinen Zufallsnamen trägt Ich Angst Vor
meinem Zufallsnamen."[100]

In diesem Textteil beschwört der Autor Erinnerungs-, Traum- und Zukunftsbilder einer Konsumgesellschaft, die an ihren eigenen Produkten, Träumen, Phantasien, Hoffnungen und Wünschen zerbricht, von der nur Müll als Erinnerung an bessere Zeiten übrigleibt.

„Die Jugend von heute Gespenster Der Toten des Krieges der
morgen stattfinden wird
WAS BLEIBT ABER STIFTEN DIE BOMBEN
In der prachtvollen Paarung von Eiweiß und Dosenblech
Die Kinder entwerfen Landschaften aus Müll
Eine Frau ist der gewohnte Lichtblick
ZWISCHEN DEN SCHENKELN HAT DER TOD EINE HOFFNUNG"[101]

Die Assoziationen des Textes zeigen Alpträume und Visionen einer Zivilisation, die sich selbst überlebt hat, die immer noch von der Eiszeit/Vorgeschichte behaftet in der Vorbereitung der nächsten großen Zerstörungsrunde eines dritten Weltkriegs, den Müller in QUARTETT antizipiert, nahtlos an die Katastrophen der Vergangenheit anschließt. Der Tod ist unmittelbar mit dem Schoß der Frau verbunden und kann wie im Hydratext immer noch zum Grab werden.

Müller verbindet zwar mit der Frau noch Hoffnung. Doch die Gebärfähigkeit enhält eine durchgehend negative Komponente, da sie nur auf den Tod ausgerichtet ist. Der Kampf mit der kapitalistischen Hydra dauert an und die Landschaft als ‚Toter Stern' deutet auf das baldige Ende hin.

Maltzan betont, daß sich in diesem Drama Müllers zunehmendes Desinteresse an der Erstellung eines historischen Bezugrahmens, niederschlägt der auf die Möglichkeit einer sinnreichen Fabel als Bedeutungsträger verweist. Das

---

[100] Heiner Müller: "VERKOMMENES UFER MEDEAMATERIAL LANDSCHAFT MIT ARGONAUTEN"; in: (ders.) "Herzstück", Berlin, 1983; Vgl. S. 98

historische Subjekt stirbt. Weder Mann noch Frau sind jetzt noch agierende Subjekte. Wie auch schon in der HAMLETMASCHINE, in der Hamlet nur noch „Wortschlamm absondert", gibt es nichts mehr zu sagen.[102]

> „Wortschlamm aus meinem
> Verlassenen Niemandsleib
> Wie herausfinden aus dem Gestrüpp
> Meiner Träume das um mich herum
> Ohne Laut langsam zuwächst."[103]

Der Sprecher/die Sprecherin hat noch Träume, die zwar von der Realität abgetrennt sind, aber einerseits einen Hoffnungsschimmer auf die düstere Szenerie werfen. Andererseits verstärkt das von Müller gewählte Bild des Dickichts, der allesverschlingenden Natur, die Endzeitstimmung. Dahinter könnte der Gedanke stehen, daß sich die Natur die Erde zurückerobert, wenn der Mensch verschwunden ist. Die Natur verdeckt Kulturgut, Geschichte und Mythen.

Trotz dieses pessimistischen Ausblicks besitzt der Medea-Mythos für den Autoren noch immer universale Gültigkeit. In einem Interview wurde Müller zur Aktualität der Medea-Figur befragt. Seine Antwort lautete, daß der mythologische Verrat an Medea „immer noch und immer wieder so geschieht".[104]

Auf die Frage ob Medea eine DDR-Bürgerin sei, die sich von einem Liebhaber in den Westen locken läßt, eine Tschechin, die sich mit einem russischen Besatzer einläßt oder eine Vietnamesin die mit einem Ami geht, antwortet Müller in demselben Interview:

> „Das sind doch lauter gute Interpretationen. [...] Sie kann auch eine Türkin in der Bunderepublik sein. Was sie wollen."[105]

Medea steht nicht nur für die verratene, verunsicherte Frau, sondern auch generell für unterdrückte Minderheiten und die gescheiterte Emanzipation von der

---

[101] Heiner Müller: "VERKOMMENES UFER MEDEAMATERIAL LANDSCHAFT MIT ARGONAUTEN"; in: (ders.) "Herzstück", Berlin 1983; Vgl. S. 99
[102] Carlotta von Maltzan: "Zur Bedeutung von Geschichte, Sexualität und Tod im Werk Heiner Müllers", Frankfurt am Main,1988; Vgl. S. 164 ff.
[103] Heiner Müller: "VERKOMMENES UFER MEDEAMATERIAL LANDSCHAFT MIT ARGONAUTEN"; in: (ders.) "Herzstück", Berlin,1983; Vgl. S. 100
[104] Heiner Müller: "Gesammelte Irrtümer 1", 1. Auflage, Frankfurt am Main, 1986; S. 131

herrschenden Klasse. Der Kulturkreis, in dem sie lebt ist ihr feindlich gesonnen, und bietet keine Identifikationsmöglichkeit, wie auch die Frauen in der DDR kein Mitspracherecht haben.

Müllers Mythos-Adaption ist näher an Seneca als an Euripides angelehnt, da er die Greuel der blutrünstigen Geschichte ähnlich wie Seneca plakativ darstellen will:

> „[...] In einem Staat wie der DDR war mir Rom natürlich näher als Athen. [...]
> Seneca konnte die Greuel auf der Bühne stattfinden lassen, die bei den Griechen nur berichtet wurden, weil seine Stücke nicht aufgeführt worden sind. [...]
> Bei Euripides ist schon viel Philosophie im Spiel und relativiert die Tragödie.
> Immerhin stellt er die Gastarbeiterfrage:
> Medea die Barbarin, wenn auch aus der Sicht der Sklavenhalter. Unsere Asylgesetzgebung, die unter anderem die Trennung von Müttern und Kindern, die Sprengung von Familienverbänden ermöglicht, basiert ja auf Mustern der Sklavenhaltergesellschaft, die bei Euripides nachzulesen sind."[106]

2.4. HAMLETMASCHINE
Tod den Müttern

Auch mit dem Drama HAMLETMASCHINE steuert Müllers Dramaturgie auf einen Endpunkt zu; was bleibt ist nur das Schweigen. Der Autor führt gespaltene Personen vor. Er verbindet die Shakespeare-Figuren Hamlet und Ophelia mit ihren Vorläufern, den antiken Figuren Orest und Elektra.

Die Hamletfigur vertritt die Ansicht ‚Tod den Müttern', wie schon dargelegt, ein durchgängiges Motiv in Müllers Dramen. Als Hamlet das Gespenst seines Vaters mit einem Beil im Kopf sieht, konstatiert er: „Ich weiß, daß du ein Loch zu viel hast" und wünscht:

> „Ich wollte, meine Mutter hätte eines zu wenig gehabt, als du im Fleisch warst:
> ich wäre mir erspart geblieben. Man sollte die Weiber zunähn, eine Welt ohne Mütter. Wir könnten einander in Ruhe abschlachten, und mit einiger Zuver-

---

[105] Heiner Müller: "Gesammelte Irrtümer 1", 1. Auflage, Frankfurt am Main, 1986; S. 131
[106] Heiner Müller: "Krieg ohne Schlacht"; Köln, 1994; S. 320

sicht, wenn uns das Leben zu lang wird oder der Hals zu eng für unsere Schreie."[107]

Da Hamlet nun einmal geboren ist, ist er ebenfalls dazu verurteilt, ein Schlächter zu werden. Wenn es keine Mütter gäbe, könnten sich die Männer in Ruhe und mit Zuversicht abschlachten. Impliziert zu sein scheint, daß unter der durch die Geburt gegebenen Umstände das Schlachten zwar nicht sofort aufhören, aber zumindest ein Ende nehmen würde. Auf einer anderen Ebene läßt das Zunähen der Weiber Assoziationen als Kritik an der afrikanischen Praxis der Fraunbeschneidung zu, bei denen auch häufig die Geschlechtsorgane zugenäht werden, wiederum eine brutale Form der männlichen Herrschaft über das weibliche Geschlecht.

Differenzierter wird die Frau als Mutter in der HAMLETMASCHINE deshalb gesehen, weil der Vater als Erzeuger und damit implizit der Mann, ebenfalls für den Schlachtvorgang und damit für den blutigen Geschichtsverlauf die Verantwortung zu übernehmen hat. Doch Hamlets Äußerungen bleiben, wie die Konjunktiv-Form zeigt, Wunschvorstellungen. Nicht gegen seinen Erzeuger richtet sich sein Haß und Ekel, sondern gegen seine Mutter, deren Schoß für ihn eine „Schlangengrube"[108] ist, was auf die Schuld der Frau an der Vertreibung aus dem Paradies anspielen könnte. Mit der Feststellung „Der Mutterschoß ist keine Einbahnstraße"[109] entwickelt Hamlet eine Vergewaltigungsphantasie seiner Mutter, die mit den Worten beginnt:

„Ich werde dich wieder zur Jungfrau machen, damit dein König eine blutige Hochzeit hat."[110]

Dabei könnte angedeutet sein, daß Hamlet hofft, durch die Vergewaltigung seiner Mutter zur ‚Jungfrau' seine eigene Existenz negieren zu können. Andere r-

---

[107] Heiner Müller "HAMLETMASCHINE"; in: (ders.) "Revolutionsstücke"; Stuttgart, 1988; S. 39

[108] Heiner Müller "HAMLETMASCHINE"; in: (ders.) "Revolutionsstücke"; Stuttgart, 1988; S. 39

[109] Heiner Müller "HAMLETMASCHINE"; in: (ders.) "Revolutionsstücke"; Stuttgart, 1988; S. 40

[110] Heiner Müller "HAMLETMASCHINE"; in: (ders.) "Revolutionsstücke"; Stuttgart, 1988; S. 40

seits könnte er durch die ödipale Blutschande stellvertretend für den Vater an seinem Mörder und der Mutter Rache üben.

Der Mörder seines Vaters zeigt ähnlich wie Jason, das der Weg zur Macht häufig über eine Frau führt.

Hamlet klagt seine Mutter als Hure an („Geh in deine Hochzeit, Hure." [111] Als Prostituierte steht sie jedem Mann zur Verfügung und darf darüber hinaus vergewaltigt werden.("Jetzt nehme ich dich, meine Mutter, in seiner, meines Vaters unsichtbaren Spur.")[112]

Jungfrau, Mutter, Hure sind bei Müller drei Wertmaßstäbe für den Stellenwert der Frau, die über den Schoß definiert wird, der schließlich zur tödlichen Instanz wird. Dieser Aspekt zieht sich durch das ganze Werk. An der Hure wird Individualität und Hoffnung festgemacht, sie verkörpert auch Hoffnung während die Mutter die Schlächter produziert, die das Karussell der brutalen Geschichte weiter in Schwung halten. Somit ist sie eine Mörderin. Aus ihren entspringt das Leben, sie legt die Klassenlage fest und als Mörderin nimmt sie es wieder zu sich. In ihr manifestiert sich der Kreislauf von Geburt und Tod, von dem der Mann abgetrennt ist, denn er tötet nur.[113]

Nach Maltzan ist das Bild abgerundet. Der Schoß ist Grab, Grube, Loch. Irgendwie gerät der Mann dort hinein. Aus dem Loch kriecht er nur heraus, um wieder hineinzustolpern wie Hamlet „stolpernd von Loch zu Loch aufs letzte Loch zu, lustlos". [114] Indem die Frau gebärt, tötet, mordet und schlachtet sie auch gleichzeitig. Dieser Kreislauf kann nur dann unterbrochen werden, wenn die Frau als Mutter getötet wird. Für Müllers Geschichtsauffassung bedeutet dies, daß der endlose Kreislauf von Macht, Gewalt und Tod erst dann ein Ende nimmt, wenn die kapitalistische Mutter vernichtet wird, wie anhand des H y-

---

[111] Heiner Müller "HAMLETMASCHINE"; in: (ders.) "Revolutionsstücke"; Stuttgart, 1988; S. 40
[112] Heiner Müller "HAMLETMASCHINE"; in: (ders.) "Revolutionsstücke"; Stuttgart, 1988; S. 40
[113] Carlotta von Maltzan: "Zur Bedeutung von Geschichte, Sexualität und Tod im Werk Heiner Müllers", Frankfurt am Main, 1988; Vgl. S. 115

dratextes gezeigt wurde. Dennoch verbindet sich mit der von Müller gewählten, an das Bild der Frau geknüpften Metaphorik ein logisches Problem. Denn wie kann die Überwindung des Todes und damit der Frau als Mutter erreicht werden?

Nach Arthur Schopenhauer liegt die Lösung in der Überwindung der Welt, d.h. um den Tod zu bekämpfen, muß auch das Leben bekämpft werden. Der Geschlechtsverkehr, in dem neues Leben entsteht, ist als Verbrechen anzusehen, da mit dem Leben neuer Tod in die Welt gebracht wird. Der Wille zum Leben verkörpert sich für Schopenhauer in den Geschlechtsorganen, während die Verneinung des Lebens und Todes Sache des Gehirns ist.[115]

Es ist natürlich einfach, die Sexualängste, die in Müllers Texten und auch bei Schopenhauer zum Vorschein kommen, und die sich als Todesängste erweisen, gleichzusetzen. Zu beachten ist, daß die Lösung für Müller nicht wie bei Schopenhauer in der Vernichtung allen Lebens liegt, wenngleich die männlichen Figuren in ihren Einschätzungen der Frauen dies zu implizieren scheinen. Anhand der Frau wird eher der mögliche Ausweg aus diesem Zwiespalt gezeigt.[116]

2.4.1. Zerstörung des Schoßes

Die an die Frau geknüpfte Problematik der Befreiung von der Unterdrückungsgeschichte wird in der HAMLETMASCHINE zugespitzt. In Ophelia thematisiert sich die bereits in Dascha aus ZEMENT angelegte weibliche Selbstzerstörung. Maltzan nennt diese Destruktivität „die Zerstörung des Schoßes", da der Aufstand gegen die Männerordnung darauf hinausläuft.

In der zweiten Szene in HAMLETMASCHINE „Das Europa der Frau" definiert Ophelia ihre bisherige geschichtliche Position.

---

[114] Carlotta von Maltzan: "Zur Bedeutung von Geschichte, Sexualität und Tod im Werk Heiner Müllers", Frankfurt am Main, 1988; Vgl. S. 116
[115] Carlotta von Maltzan: "Zur Bedeutung von Geschichte, Sexualität und Tod im Werk Heiner Müllers", Frankfurt am Main, 1988; Vgl. S. 116

„Ich bin Ophelia, die der Fluß nicht behalten hat. Die Frau am Strick Die Frau mit den aufgeschnittenen Pulsadern Die Frau mit der Überdosis AUF DEN LIPPEN SCHNEE Die Frau mit dem Kopf im Gasherd."[117]

Diese Aussage verweist auf die in TODESANZEIGE beschriebenen Suizidversuche der ersten Frau Heiner Müllers und bilden mit Ausnahme der Ertränkungsmonologe ein wörtliches Zitat aus dem Lessingmonolog in LEBEN GUNDLINGS FRIEDRICH VON PREUSSEN LESSINGS SCHLAF TRAUM SCHREI. Dem Selbstmord als Versuch dem blutigen Geschichtsablauf und der Unterdrückungsgeschichte zu entkommen, setzt Ophelia, wie Medea und Dascha, nun ein verbales Eingreifen entgegen, das sich als direkte Aggression gegen die Männerwelt äußert, denn so fährt Ophelia fort:

> „Gestern habe ich aufgehört mich zu töten. Ich bin allein mit meinen Brüsten, meinen Schenkeln, meinem Schoß ich zertrümmere die Werkzeuge meiner Gefangenschaft den Stuhl den Tisch das Bett. Ich zerstöre das Schlachtfeld das mein Heim war. Ich reiße die Türen auf, damit der Wind herein kann und der Schrei der Welt. Ich zerschlage das Fenster. Mit meinen blutenden Händen zerreiße ich die Fotographien der Männer, die ich geliebt habe und die mich gebraucht haben auf dem Bett auf dem Tisch auf dem Stuhl auf dem Boden. Ich lege Feuer an mein Gefängnis. Ich werfe meine Kleider in das Feuer. Ich grabe die Uhr aus meiner Brust die mein Herz war ich gehe auf die Straße gekleidet in mein Blut."[118]

Ophelias Revolte ist eine universelle. Sie richtet die Aggression nicht länger gegen sich selbst, sondern gegen den Verursacher und zerstört ihr Gefängnis, das bürgerliche Heim, wenn auch nur auf der sprachlichen Ebene.

Wenn sie die Uhr aus ihrer Brust gräbt, deutet das nicht auf Selbstzerstörung hin, sondern auf die Beendigung der Mechanik, die ihrer Unterdrückungsgeschichte anhaftet. Im Interview mit Alexander Kluge bemerkt Heiner Müller:

---

[116] Carlotta von Maltzan: "Zur Bedeutung von Geschichte, Sexualität und Tod im Werk Heiner Müllers", Frankfurt am Main, 1988; Vgl. S. 116
[117] Heiner Müller: "HAMLETMASCHINE"; in: (ders.) "Revolutionsstücke"; Stuttgart, 1988; S. 40
[118] Heiner Müller: "HAMLETMASCHINE"; in: (ders.) "Revolutionsstücke"; Stuttgart 1988; S. 40

„Das auf die Uhren schießen z.B., Zeit anhalten. Und die Zeit anhalten heißt ja auch Zeit gewinnen und heißt den Untergang aufhalten und das Ende aufhalten oder Verzögern."[119]

Andererseits steht die Uhr auch für die Erfahrung der eigenen Endlichkeit und dem Wunsch diese durch die Revolution aufzuhalten. Einen weiteren Hinweis auf den Umgang mit Zeit in seinen Dramen gibt er in folgendem Zitat:

„Das Entscheidende ist der Umgang mit Zeit: Zeit des Lebens, Zeit des Sterbens, Zeit des Todes. Die bewußte Wahrnehmung des Ablaufs von Zeit hält niemand aus - also muß Zeit ‚totgeschlagen', und das heißt nicht weniger als Todesangst verdrängt werden, zum Beispiel mit Arbeit. Pascals Satz, daß die Katastrophen aus der Unfähigkeit resultieren, mit sich allein zu sein, bedeutet doch: Wenn man allein ist mit der Uhr, kann man die Tatsache der eigenen Sterblichkeit nicht verdrängen. Also macht man etwas, um die Uhr nicht zu sehen [...]. Das war der revolutionäre Impuls - die Zeit anzuhalten, darin steckt der Wunsch nach Unsterblichkeit."[120]

Der folgende Szenen-Titel „Das Europa der Frau" impliziert einen geschichtlichen Raum und im Untertitel, der E.E. Cummings „The Enormous Room" zitiert, wird der geschichtliche Raum ausgeweitet. In diesem Bezugsrahmen steht Ophelia stellvertretend für das unterdrückte Objekt. Hamlet hat sich vordergründig mit der geschichtlichen Position von Ophelia identifiziert, daher kann der Text nicht nur von Ophelia, sondern auch vom Chor/Hamlet gesprochen werden. Der Text ist vergleichbar mit dem Hydratext in ZEMENT, der wegen seiner überdimensionalen Gültigkeit auch vom ganzen Ensemble gesprochen werden kann.

Doch der ewige Zweifler Hamlet ist nicht in der Lage, in den geschichtlichen Ablauf einzugreifen.

Desweiteren findet sich nach Maltzan in dem Verhältnis zwischen Hamlet und Ophelia eine interessante Umdeutung der Orestie von Aischylos und dem Geschwisterpaar Orest und Elektra: wie Orest muß Hamlet bei seiner Heimkehr feststellen, daß seine Mutter einen Geliebten hat, der mit ihr die Macht teilt. Beide zusammen haben seinen Vater getötet. Hamlet erscheint der

---

[119] Alexander Kluge/Heiner Müller: "Ich schulde der Welt einen Toten"; Hamburg, 1996; S. 64-65
[120] Heiner Müller: "Jenseits der Nation"; 2. Auflage; Köln, 1989; S.22

Geist seines Vaters, der ihn dazu auffordert, seine Mutter und deren Geliebten zu töten, ähnlich wie Orest vom Orakel in Delphi den Auftrag erhält, Rache an seiner Mutter zu nehmen. Doch Hamlet kann sich im Gegensatz zu Orest nicht mit dieser Rolle identifizieren, für ihn ist der Muttermord nur eine Zukunftsvision.[121]

Auch Ophelia ist von der Shakespeareschen Figur entfremdet, sie überlebt den Tod durch Ertrinken ("die der Fluß nicht behalten hat"). [122] Als Geliebte und Schwester ist sie das alter ego Hamlets/Orests, worin sich auch ein inzestuöses Verhältnis zeigt. Kombiniert mit der hassenden Elektra-Figur nimmt sie Rache. Sie propagiert aber nicht wie Elektra den Muttermord, sondern zerstört im Gegenteil, die ihr durch das Geschlecht zugeteilte Rolle und verkehrt sie in das Gegenteil, indem sie ihre Gebärfähigkeit in eine todbringende Fähigkeit verwandelt. Ophelia übernimmt den letzten Monolog in der Hamletmaschine und dominiert das Schlußbild.

„Hier spricht Elektra. Im Herzen der Finsternis. Unter der Sonne der Folter. An die Metropolen der Welt. Im Namen der Opfer. Ich stoße allen Samen aus, den ich empfangen habe. Ich verwandle die Milch meiner Brüste in tödliches Gift. Ich nehme die Welt zurück, die ich geboren habe, zwischen meinen Schenkeln. Ich begrabe sie in meiner Scham. Nieder mit dem Glück der Unterwerfung. Es lebe der Haß, die Verachtung, der Aufstand, der Tod. Wenn sie mit Fleischermessern durch eure Schlafzimmer geht, werdet ihr die Wahrheit wissen."[123]

2.4.2. Überschreitung der Geschlechtergrenzen

Die Situation von Hamlet/Orest und Ophelia/Elektra markiert eine Zäsur und eine Situation der Grenzüberschreitung, die sich in den vorherigen Szenen in dem ständigen Versuch Hamlets äußern, sich Ophelia zu nähern und ihre Identität anzunehmen. Die Vergewaltigungsphantasie seiner Mutter beendet Hamlet

---

[121] Carlotta von Maltzan: "Zur Bedeutung von Geschichte, Sexualität und Tod im Werk Heiner Müllers", Frankfurt am Main, 1988; Vgl. S. 114
[122] Heiner Müller: "HAMLETMASCHINE"; in: (ders.) "Revolutionsstücke"; Stuttgart, 1988; S. 40
[123] Heiner Müller: "HAMLETMASCHINE"; in: (ders.) "Revolutionsstücke"; Stuttgart, 1988; S. 46

mit den Worten: „Dann laß mich dein Herz essen Ophelia, das meine Tränen weint."[124]

Wenig später erscheint Ophelia als Hure geschminkt und fragt: „Willst du mein Herz essen, Hamlet", [125] womit sie wiederum die unterwürfige weibliche Selbstaufgabe repräsentiert.

Hamlet mit Händen vorm Gesicht antwortet: „Ich will eine Frau sein" und äußert später den Wunsch: „Ich will eine Maschine sein".[126]

Die Subjekt-Objekt-Beziehung wird vertauscht. Hamlet will nur noch Maschine sein, um keine Gefühle mehr zu haben, obwohl er zuvor noch die unterdrückte Frau spielen wollte, die ihm die Absage an die Geschichte voraus hat.

Dabei ist die Idee der Geschlechterverschmelzung oder des Geschlechtertausches ein bekanntes Motiv aus der indischen Mythologie, verbunden mit dem Bild der göttlichen Kinder Kalis; Radha und Krishna, die ihre Kleider und somit ihre Rollen vertauschen. Dieses Thema entwickelt sich in der Bhagavad-gita zu einer großen Metapher. Das Vertauschen der Kleider geht auf alte Initiationspraktiken zurück. Es ist eine heilige Tradition bei Schamanen und vielen Stammeskulturen, die lehren soll Geschlechterrollen und die persönliche Identität nur als Konventionen zu betrachten.[127] Die überlieferten Konventionen will Heiner Müller aufsprengen.

Die Problematik der HAMLETMASCHINE ist für Helen Fehevary auch die Problematik des männlichen Schriftstellers und Produzenten Heiner Müllers, den man mit Hamlet gleichsetzen könnte. Darüberhinaus zeigt sich in der Beziehung Hamlet/Orest und Ophelia/Elektra eine Verdopplung und Spiege-

---

[124] Heiner Müller: "HAMLETMASCHINE"; in: (ders.) "Revolutionsstücke"; Stuttgart, 1988; S. 40
[125] Heiner Müller: "HAMLETMASCHINE"; in: (ders.) "Revolutionsstücke"; Stuttgart, 1988; S. 41
[126] Heiner Müller: "HAMLETMASCHINE"; in: (ders.) "Revolutionsstücke"; Stuttgart 1988; S. 45
[127] Michael Grant und John Hazel: "Lexikon der antiken Mythen und Gestalten";11. Auflage, München 1995, Vgl. S.252

lung der Rollen. Die einsetzende Tendenz, seine Aussagen nicht mehr an ge-
schlechtsspezifischen Figuren festzumachen wird nach Fehevary besonders
verdeutlicht, wenn Marx, Lenin und Mao als Frauen auftreten. Alle drei sprechen, jede in ihrer eigenen Sprache:

> „Es gilt die Verhältnisse umzuwefen, in denen der Mensch... [ein erniedrigtes,
> ein geknechtetes, ein verlassenes, ein verächtliches Wesen ist.]"[128]

Wenn der Hamletdarsteller die Köpfe von Marx, Lenin und Mao mit dem Beil
spaltet und damit wieder die Eiszeit einsetzt, die in einer Rückkehr in die Vorgeschichte resultiert, ist das nach Maltzahn nicht „die Zerschlagung der zu Feti-
schen gewordenen Klassiker, sondern der Versuch den weiblich konnotierten,
revolutionären Diskurs zum Schweigen zu bringen."[129]

Ophelia stellt wie Medea und Dascha den Aufstand dar. Müller knüpft an
sie die Hoffnung einer revolutionären Umwälzung, wie es sich an folgendem
Zitat zeigt:

> „[...] Die erniedrigten Leiber der Frauen
> Hoffnung der Generationen
> In Blut Feigheit Dummheit erstickt [...]"[130]

Hamlet bildet den Endpunkt einer Reihe von männlichen Figuren, die als
Schlächter und Krieger konzipiert sind. Ebenso wie Ophelia ihre geschichtliche
Opferrolle und damit die Mutterschaft zurückweist, kann sich auch Hamlet
nicht mehr mit seiner Rolle identifizieren.

In dieser Neuorientierung bilden die männlichen und weiblichen Figuren
keine absoluten Gegensätze mehr, denn in beiden ist das Interesse einer Befreiung von der Vergangenheit verankert, welche die Beendigung des Kontinuums
von Geschichte und Barbarei, der Vorgeschichte/Eiszeit und den Beginn einer
menschlichen Geschichte bewirken würde. Als Ophelia/Elektra ihre Rache artikuliert, heißt es in der Szenenanweisung *„Jahrtausende Tiefsee. Opelia im*

---

[128] HAMLETMASCHINE; in Heiner Müller: "Revolutionsstücke"; Stuttgart, 1988; S. 45
[129] Carlotta von Maltzan: "Zur Bedeutung von Geschichte, Sexualität und Tod im Werk Heiner Müllers", Frankfurt am Main, 1988; Vgl. S. 147
[130] Heiner Müller: "HAMLETMASCHINE"; in: (ders.) "Revolutionsstücke"; Stuttgart, 1988; S. 44

Rollstuhl. Fische Trümmer Leichen und Leichenteile treiben vorbei" [131] Die unmittelbar vorhergegangene Szene endet mit Hamlet in der Rüstung bei Schnee und Eiszeit. Bei Ophelia gibt es schon Tiefsee, also Wasser, das nach Schnee und Eiszeit kommt. Der Prozeß der Unterdrückung, von dem Ophelia/Elektra sich befreit, hat sich über Jahrtausende erstreckt. Und doch sind ihre Forderungen noch nicht eingelöst.

Doch während Ophelia/Elektra ihrem Haß Ausdruck verleiht, wird sie von zwei Männern in Arztkitteln von oben bis unten in Mullbinden eingeschnürt. Diese Szene läßt auch die Assoziation einer Ganzkörper-Zwangsjacke zu, in die die vermeintlich verrückte Frau gepreßt wird, wie in ihre weibliche Rolle. Der von der Frau vorgenommene Verweigerungs- und Zerstörungsakt scheint daher nur eine Utopie zu sein, denn er wird im Keim erstickt, sobald er droht die verbale Ebene zu verlassen. Vorerst ist Ophelia bewegungsunfähig. Dann wird auch der Versuch unternommen, sie zum Schweigen zu bringen, ähnlich wie bei der Frau im MEDEASPIEL, die zunächst mit ihrem Brautkleid gefesselt und dann geknebelt wird.

Die Widersprüchlichkeit zwischen der eingeschnürten Ophelia/Elektra und ihrer vehementen Forderung, die Unterdrückungsgeschichte zu beenden, ist im Text durch die Zusammenstellung verschiedener Literaturzitate von Antonin Artaud bis Susan Atkins gekennzeichnet.

Müller läßt die Hamletmaschine mit dem Satz Ophelias als Susan Atkins enden: „Wenn sie mit Fleischermessern durch eure Schlafzimmer geht, werdet ihr die Wahrheit wissen". [132] Wie Richard Weber richtig bemerkt, ist in dieser Konjunktion ‚wenn' eine temporale, sowie konditionale Bestimmung enthalten, was bedeutet, daß Müller sich nicht sicher ist, ob Ophelia, d.h. die Unterdrückten tatsächlich Handeln werden, wenn dann aber mit Gewalt. Indessen muß die Schlußfolgerung Webers dahingehend qualifiziert werden, daß der Befreiungs-

---

[131] Heiner Müller: "HAMLETMASCHINE"; in: (ders.) "Revolutionsstücke"; Stuttgart, 1988; S. 46
[132] Heiner Müller: "HAMLETMASCHINE"; in: (ders.) "Revolutionsstücke"; Stuttgart, 1988; S. 46

kampf der Unterdrückten wenigstens schon begonnen hat. Das ist aus dem Bewußtseins- und Erkenntnisprozeß Ophelia/Elektras ersichtlich.

Genia Schulz sieht Ophelia/Elektra als Nachfolgerin Daschas aus Zement: Nach Schulz erzeugt die Emanzipation als Rachezug zunächst nur den Stillstand der Geschichte. Dascha formuliert als Ziel, ihre Lösung aus den alten Bindungen. Doch ihre Nachfolgerin tilgt selbst dieses in ZEMENT eher rhetorische Hoffnungszeichen. Sie steht dem ewig vor der Geschichte zaudernden und dann doch als Krieger in sie eintretenden Mann gegenüber.[133]

Der Text der HAMLETMASCHINE folgt in seinem Aufbau präzise dem Muster der ungleichen spiegelbildlichen Symmetrie der Geschlechter. Den fünf Akten des Dramas entsprechen fünf Abschnitte, die Mann und Frau in gleicher Anzahl zugeordnet sind. Der erste und der vierte Abschnitt gelten Hamlet und der zweite und fünfte Ophelia, der dritte „Scherzo" betitelt, gehört beiden. Genau in der Mitte des dritten Abschnitts ist die einzige aus zwei Zeilen bestehende dialogartige Replik des Textes plaziert. Hamlet und Ophelia stehen sich in dieser Struktur spiegelbildlich gegenüber. „Scherzo" versammelt eklatante Ergebnisse aus der Epoche bürgerlicher Gemeinwesenbildung: Dichterphilosophen, die sich der Erklärung des verlorenen Weltzusammenhangs verschrieben haben, Gemeinden aus stummen Leserinnen und Dienerinnen des männlichen Geistes in der Literatur. „Scherzo" zitiert diese Struktur als abgestorbene Struktur. Müller kritisiert damit die durchweg männlich determinierte Literatur, Kunst und Geschichte.

> „Universität der Toten. Gewisper und Gemurmel. Von ihren Grabsteinen (Kathedern) aus werfen die toten Philosophen ihre Bücher auf Hamlet. Galerie (Ballett) der toten Frauen. Die toten Frauen reißen Hamlet "die Kleider vom Leib".[134]

Hamlet zieht Ophelias Kleider an, aber trotz der Verkleidung, die keine wirkliche Verwandlung, kein Geschlechtertausch ist, findet keine Kommunikation mehr statt.

---

[133] Genia Schulz: "Abschied von Morgen. Zu den Frauengestalten im Werk Heiner Müllers" in: Heinz Ludwig Arnold (Hrsg.): Text und Kritik, Heft 73, München, 1982; Vgl. S. 67

Ein merkwürdiges Bild ist die Madonna mit Brustkrebs. „Der Brustkrebs strahlt wie eine Sonne". Auch in QUARTETT ist am Ende Merteuil mit dem Krebs alleine, was ein hoffnungsloses Gegenbild zur Schwangerschaft, die kranke Wucherung darstellen könnte.

Das Muster der spiegelbildlichen Anordnung ist erstarrt. In ihm ist die dramatische, dialogische Struktur zerbrochen. Auf diesem leeren Schlachtfeld, das früher einmal ihr gemeinsames Stück war, werden Hamlet und Ophelia in den Außenszenen von „Scherzo" als Protagonisten der Geschichte und als abendländische Subjekte skizziert.[135]

Florian Vaßen spricht davon, daß die HAMLETMASCHINE mit ihrer Tendenz zu Sprachlosigkeit und Erstarrung einen vorläufigen Endpunkt in der Entwicklung Heiner Müllers bildet. Handeln (Arbeit) ist für Hamlet nicht mehr möglich. Der Autor selbst sagt dazu:

„Vom LOHNDRÜCKER bis zur HAMLETMASCHINE ist alles eine Ge-schichte ein langsamer Prozeß von Reduktion. Mit meinem letzten Stück HAMLETMASCHINE hat das ein Ende gefunden. Es besteht keine Substanz für einen Dialog mehr, weil es keine Geschichte mehr gibt."[135a]

Allein Ophelia/Elektra spricht vom Ende des Glücks der Unterwerfung und dem Beginn des körperlichen Aufstands, allerdings eingeschnürt und von Männern beherrscht. Ophelia stellt als Elektra, als Rosa Luxemburg oder als Susan Atkins das brutale Potential des Analphabetentums und der weiblichen Autor-schaft heraus. Ophelia hebt das Messer auf, damit Hamlet abgehen kann. Der Zynismus des Stücks liegt darin, daß Ophelia nicht autonom ist; sie ist eine Projektion der HAMLETMASCHINE, so wie sie nach Fehevary bei Shake-speare eine Projektion Hamlets war. Ophelia ist im gleichen Maße Produkt der Ängste, sowie der Hoffnung des Autors. Deshalb fährt er fort, sie zu kolonisie-ren und reproduzieren. Hamlet sagt Ophelia immer noch, was sie zu tun hat. Für Müller führt das Sondieren seperater Geschlechtssphären zur Verwischung der

---

[134] Heiner Müller: "HAMLETMASCHINE"; in: (ders.) "Revolutionsstücke"; Stuttgart, 1988; S. 41
[135] Heiner Müller: "HAMLETMASCHINE"; in: (ders.) "Revolutionsstücke"; Stuttgart, 1988; S. 41

79

Kategorien von männlich und weiblich.[137] In der vierten Szene sagt der Hamletdarsteller: „Mein Platz, wenn das Drama noch stattfinden würde, wäre auf beiden Seiten der Front, zwischen den Fronten, darüber."[138]

Die transsexuelle Dimension dieser Grenzsituation wird in der vorhergehenden Szene betont durch die Ausweglosigkeit der Geschlechtsübertragung und das Erstarren der Geschlechtsidentität in Bildern.

Nach Fehevary sind diese Beziehungen zwischen Ähnlichkeit und Unterschiedlichkeit der Geschlechter weniger eine Gegenüberstellung von spezifisch männlichen und weiblichen Merkmalen, als vielmehr zwei Formen des Transvestitentums. Dieses Verhältnis zeigt die maskulinen und die femininen Seiten des früheren Ichs, das nach Fehevary „Figur/ Darsteller/Erzähler/Hamlet/Heiner Müller" ist. Auf die Pose des Hamletkostüms folgt die Pose des Opheliakostüms. Dabei geht das menschliche Subjekt verloren. Ist die männliche Subjektivität verkümmert, dann existiert auch die weibliche nicht mehr; das ist der Terror der Vernunft. Die Beziehung zwischen Müllers Hamlet und Ophelia sucht nach transsexueller Identität, ruft aber nur abstrakte Geschlechtsstereotypen in der Gegenüberstellung der Bilder hervor. Der Schauspieler ist zum Voyeur geworden, die Figur zum Kostüm. Ophelia aber bleibt Requisite, denn die Bühne gehört nach Fehevary weiterhin Hamlet. Ophelia dient letztlich dazu, den Narzißmus widerzuspiegeln, der Hamlets historisches Eigentum ist.[139]

Daher ist der Titel HAMLETMASCHINE treffend: ein raffiniertes Konstrukt, das jegliche Erfahrung aus dem Hamlet-Sein ableitet. Müller konfrontiert in brutaler Offenheit das Theater Shakespeares mit dem der griechischen Antike. Auf der klassischen Bühne spielten nur Männer, die von Männern ge-

---

[135a] Heiner Müller: "Gesammelte Irrtümer 1", 1. Auflage, Frankfurt am Main, 1986, S. 54
[137] Helen Fehevary: "Autorschaft, Geschlechtsbewußtsein und Öffentlichkeit"; in Irmela von der Lühe (Hrsg.): "Entwürfe von Frauen in der Literatur des 20. Jahrhunderts; Berlin, 1982; Vgl. S. 138 ff.
[138] Heiner Müller: "HAMLETMASCHINE"; in: (ders.) "Revolutionsstücke"; Stuttgart, 1988; S. 43
[139] Helen Fehevary: "Autorschaft, Geschlechtsbewußtsein und Öffentlichkeit"; in Irmela von der Lühe (Hrsg.): "Entwürfe von Frauen in der Literatur des 20. Jahrhunderts; Berlin, 1982; Vgl. S. 138 ff.

schriebenen Stücke. Das Weibliche existierte nur in der Kostümierung des Mannes.

Im klassischen Theater und der literarischen Avantgarde wird das weibliche Subjekt unverhüllt mit Abwesenheit und Tod gleichgesetzt. Entweder wird sie direkt ins Wasser geschickt, wie bei Shakespeare oder sie taucht in Verbindung von Bild und Metapher wieder auf.[140]

Im Laufe der Zeit werden Müllers Werke immer autobiographischer und haben sich notwendigerweise mit dem Problem von Autorschaft und Geschlecht auseinandersetzen müssen. Der männliche Autor Müller ist sich dessen zunehmend bewußt geworden, daß die Qualität seines Schreibens und sein literarischer Erfolg grundlegend an die männlich definierten Werte der Literaturgeschichte und Produktion gebunden ist. In einer Regieanweisung der HAMLETMASCHINE fordert Müller die " *Zerreißung der Fotografie des Autors*"[141], was den Bruch mit der männlichen Literaturtradition noch verstärkt. Im Patriarchat basiert männliche Autorschaft inhärent auf Privilegien. Die Metaphern, Mythen und Topoi der literarischen Tradition, deren sich der Autor bedient sind in der herrschenden männlichen Kultur und Ästhetik verwurzelt. In diesem Sinn bedeutet unreflektierte männliche Autorschaft per se schon Ausübung von Autorität und Macht. Müllers Reaktion auf diese Einsicht ist eine Ästhetik der Dekonstruktion, ein Versuch, die Herrschaftsformen des literarischen Textes abzutragen, um das von der männlichen Geschichte verdrängte Subjekt aufzuspüren. Das Hervortreten des Subjekts wird gerade durch die Allgegenwart der männlichen Autorschaft verhindert. Aus diesem Grunde sieht Müller in der Eliminierung des Autors, die Hoffnung für die Literatur und die Zukunft. In einem Beitrag zur Diskussion über die Postmoderne schreibt er:

---

[140] Helen Fehevary: "Autorschaft, Geschlechtsbewußtsein und Öffentlichkeit";
in Irmela von der Lühe (Hrsg.): "Entwürfe von Frauen in der Literatur des 20. Jahrhunderts; Berlin, 1982; Vgl. S. 138 ff.
[141] Heiner Müller: "HAMLETMASCHINE"; in: (ders.) "Revolutionsstücke"; Stuttgart 1988; S. 45

„Solange Freiheit auf Gewalt gegründet ist, die Ausübung von Kunst auf Privilegien, werden die Kunstwerke die Tendenz haben, Gefängnisse zu sein, die
Meisterwerke die Komplizen der Macht.(...)"[142]

---

[142] Helen Fehevary: "Autorschaft, Geschlechtsbewußtsein und Öffentlichkeit";
in Irmela von der Lühe (Hrsg.): "Entwürfe von Frauen in der Literatur des 20. Jahrhunderts;
Berlin 1982; Vgl. S. 136

3. Teil: Frau als Metapher

Wie bereits dargelegt werden schon in den frühen Stücken Frauenfiguren bei Heiner Müller zu Metaphern auf den Zustand der Gesellschaft. Beginnend mit dem Drama

DIE KORREKTUR, in dem anhand der nicht verwirklichten Gleichberechtigung das Fundament des sozialistischen Staates in Frage gestellt wird, über das Stück DIE BAUERN, in dem Müller die Mißstände in der DDR anhand von weiblicher Sinnlichkeit und Emanzipation verdeutlicht, bis hin zu dem Stück DER BAU, in dem die Frau allegorisch für zukünftige Hoffnungen steht.

Auch die mythologischen Figuren: Dascha aus ZEMENT, Ophelia/Elektra aus DIE HAMLETMASCHINE und die variierdenden Medea-Figuren stehen immer für den revolutionären Ausbruch, nicht nur aus der weiblichen Unterdrückungsgeschichte, sondern auch der unterdrückten Klassen schlechthin. Noch deutlicher wird die tragende Bedeutung der Frau als Allegorie auf die geschichtlichen Bedingungen in dem Historiendrama GERMANIA TOD IN BERLIN, in der sie als Metapher auf das fehlende deutsche Nationalbewußtsein, oder die sterbende Nation, die mörderische Mutter und schließlich wieder als Hoffnungs-Antizipation auftritt.

Besonders hervorzuheben ist jedoch, daß die Grenzen zwischen Mann und Frau sich in den späteren Stücken immer mehr verwischen, bis hin zu dem Drama DER AUFTRAG, in dem die Frau nicht mehr Figur, sondern nur noch exemplarisch als Metapher für den Verrat an der Revolution steht.

3.1. GERMANIA TOD IN BERLIN
Radikalisierung des Mutterbildes

In diesem Text weist Müller auf die deutsche Vergangenheit hin, wobei der Schwerpunkt auf dem preußischen Erbe als Voraussetzung für den Faschismus und die DDR liegt. Das Stück skizziert die psychologischen und gesellschaftlichen Formen des täglichen Faschismus, die durch den ökonomischen Übergang zum Sozialismus nicht beseitigt wurden.

Das Drama verfolgt die Entwicklung von den Illusionen des Anfangs der DDR bis zum stagnierenden Niescheneskapismus der 80er Jahre. Müller selbst betonte zu der Intention des Stücks:

> „Man kann ein DDR-Bild nicht geben, ohne die DDR im Kontext der deu t-schen Geschichte zu sehen, die zum größten Teil auch eine deutsche Misere ist."[143]

Das Stück zeichnet deutsche Geschichte zunächst im Sinne der Begründer des Marxismus als „einzig fortlaufende Misere". Eine Sequenz von Katastrophen der Humanität, wobei der Faschismus den Höhepunkt der Brutalität bildet. In direkt szenischer Umsetzung faßt Müller Realität und Geschichte der DDR auf dem Boden ihrer Vorgeschichte. Fast alle Gestalten, die als Repräsentanten deutscher Vorgeschichte auftreten, wirken fratzenhaft verzerrt:

Friedrich II. erscheint als homosexueller Clown. Die Nibelungen mastu r-bieren auf der Bühne, weil sie vor lauter Abschlachten vergessen haben, was Frauen sind. Hitler frißt Soldaten und spült sich dann den Rachen mit Benzin aus. Goebbels ist schwanger und bringt einen Contergan-Wolf zur Welt. Doch auch die Gestalten aus dem Volk werden nicht positiver dargestellt. Die g e-samte Geschichte vor 1945 gleicht einem Greuelmärchen, eine permanente M i-sere, Deutschland, ein Land der Erpresser, Dirnen, Opportunisten, Mörder und anderer skuriller Gestalten. Doch im Gegensatz zu Müllers Friedrich-Drama LEBEN GUNDLINGS FRIEDRICH VON PREUSSEN LESSINGS SCHLAF TRAUM SCHREI, in dem durch die Beschränkung auf eine bestimmte Phase, dieser vorgeschichtlichen Misere eindeutig das Negative vorherrscht, ist in GERMANIA TOD IN BERLIN unter Einbeziehung der DDR zugleich eine g e-genläufige Tendenz angedeutet.

Formal und thematisch wählte Müller die Technik der Collage und Montage, was dazu dient, Vorgeschichte und sozialistische Realität einander

---

[143] Heiner Müller: "Gesammelte Irrtümer 1", 1. Auflage, Frankfurt am Main, 1986; S. 32

gegenüberzustellen. Der historische Fortschritt wird zur Farce und das entfremdete Individuum zum Mittelpunkt des dramatischen Interesses.

Ausgangspunkt dieser Entwicklung war wie bereits dargelegt, DIE HAMLETMASCHINE. Dabei radikalisiert Müller das Bild der Frau als Mutter, wenn er ihre Gebärfähigkeit gleichsetzt mit Mordlust, welche die Welt zum Schlachthaus macht, wie folgendes Zitat explizit belegt.

> „Die deutschen Kinder krochen aus den Bäuchen
> Der deutschen Mütter, rissen mit den Zähnen
> Den deutschen Vätern die deutschen Schwänze aus
> Und pißten auf die Wunde mit Gesang.
> Und dann hängten sie sich an die Mutterbrust
> Und soffen Blut solang der Vorrat reichte.
> Und dann zerfleischten sie sich eins das andre.
> Zuletzt ersoffen sie im eignen Blut
> Weil es der deutsche Boden nicht mehr faßte."[144]

Maltzan geht davon aus, daß Mütter bei Müller keine andere Funktion haben, als Schlächter zu produzieren, denen sie Blut verabreichen. Dieses Motiv wurde erstmals in DIE UMSIEDLERIN ODER DAS LEBEN AUF DEM LANDE evident, als der besitzlose Bourgois Rammler, gesellschaftliche Ausbeutung am Bild der Mutter festmacht. Die männliche Blutrünstigkeit - Müllers Frauenfiguren richten ihre Aggression vorwiegend gegen sich selbst - kann nur durch gegenseitiges Abschlachten befriedigt werden. Dafür macht der Mann die Mutter verantwortlich. Doch das Töten funktioniert nur innerhalb des Kampfes um Aufrechterhaltung von männlichen Herrschaftsstrukturen. Dementsprechend ist z.B. die Szene „Hommage á Stalin 1" sehr brutal konstruiert. Die Nibelungen Gunther, Hagen, Gernot und Volker sitzen auf einem Leichenwall aus toten Soldaten und schlagen einander in Stücke. In dem darauffolgenden Endbild reißen drei Soldaten im Schneetreiben des Kessels von Stalingrad einem jungen Soldaten den Arm aus, um ihn abzunagen.

Müllers Verhältnis zum Tod läßt sich sicherlich psychoanalytisch interpretieren; seine angebliche Nekrophilie, sein kannibalistisches Vokabular sind jedoch nach Florian Vaßen nicht auf „individualpsycholgische Kategorien re-

duzierbar. Sie entspringen keiner individuellen Obsession, sondern den kann i-
balischen Verhältnissen, in denen allem Lebendigen ein unbelebter Zustand
droht".[145]

Der Tod bzw. das Töten, Gewalt und Unterdrückung sind Mechanismen,
zur Demonstration von Macht. Dabei produziert die Macht als Kehrseite der
Politik einen undurchdringlichen Teufelskreis, der erst dann unterbrochen we r-
den kann, wenn, wie Müller betont, Geschichte Universalgeschichte wird, was
universale Chancengleichheit voraussetzt.

3.1.1 Die Frau als National-Allegorie

Es ist Genia Schulz zuzustimmen, wenn sie sagt, daß es bei Müller nicht das
Thema Frau, sondern Problemkonstellationen gibt, die an das Bild der Frau g e-
bunden sind. Mit der Verknüpfung von geschichtlichen Prinzipien und dem
Bild der Frau stellt sich Müller nach Maltzan in eine altbekannte Tradition.
Schon Marx sprach im Bezug auf die Widersprüche in der Übergangsgesel l-
schaft von den „angeborenen Muttermale(n) der alten Gesellschaft". [146] Immer
schon war der Symbolwert der Frau besonders „trächtig". Aufgrund ihrer „bi o-
logischen Wesenhaftigkeit" bot sie sich zu allegorischer Überhöhung an, b e-
sonders was nationale Allegorien betraf. Im Gegensatz zu männlichen Figuren,
die sich als charakterlich zu individualisiert oder, was den geschichtlichen A b-
lauf betraf, als zu statisch ergaben, wie Jost Hermand in einer Untersuchung zu
diesem Thema zeigt.

> „Frauengestalten empfand man dagegen als viel erdhafter, allgemeiner und d a-
> her symbolträchtiger, wie schon die Geschichte der Eva, ja fast aller alleg o-
> risch repräsentierten Tugenden und Laster beweist. Im Gegensatz zu Männern
> wurden deshalb Frauen auch auf dem Sektor der nationalen Allegorie - nach

---

144 Heiner Müller: "GERMANIA TOD IN BERLIN"; in: (ders.) "Germania Tod in Berlin",
Berlin, 1996; S.73
145 Florian Vaßen: "Der Tod des Körpers in der Geschichte."; in Heinz Ludwig Arnold
(Hrsg.): Text und Kritik, Heft 73, München 1978, Vgl. S. 49 ff.
146 Genia Schulz: "Abschied von Morgen. Zu den Frauengestalten im Werk Heiner Müllers"
in: Heinz Ludwig Arnold (Hrsg.): Text und Kritik, Heft 73, München, 1982; Vgl. S. 61 ff.

alter Tradition - in einer Fülle verschiedenster Situationen dargestellt und zugleich allegorisch überhöht" [147]

Hermand führt weiter aus, daß ob sie sich als Kind, Mädchen, Aschenputtel,
Dornröschen, Jungfrau, Braut, Ehefrau, Mutter, Matrone, Witwe, Hure, Verführerin oder ständige Gebärmaschine darstellt, die Frau wird von den Männern
weitgehend auf ihre biologische Funktion beschränkt und zugleich zum Objekt
sexuellen Besitzverlangens fetischisiert. Sie nahm unzählige Erscheinungsformen an und drückte den jeweiligen Zustand der Nation oder die Hoffnung auf
Besserung aus. Dabei denkt er vor allem an Figuren wie Mütterchen Rußland
oder die französische Marianne. Doch die Vielgestaltigste ist für ihn die Germania, da sie die Deutschen, das Volk mit den meisten Hoffnungen und Niederlagen, Umbrüchen und Stagnationen, Demütigungen und Überhebungen allegorisierte. [148] Dabei hat gerade die Bedeutung der Germania-Figur im Lauf
der Geschichte einen starken Wandel durchgemacht. Im 17. Jahrhundert, besonders während des 30jährigen Krieges begegnet man in den Gedichten eines
Andreas Gryphius und anderen immer wieder der Figur der Germania, die über
dem geschändeten und verwüsteten Deutschland ihre blutbesudelten Hände
verzweifelt zum Himmel reckt. Einen Verjüngungsprozeß macht diese Figur
erst im 18. Jahrhundert durch, als sich im Zug des patriotischen Pietismus und
den Dichtungen von Friedrich Gottlieb Klopstock oder Matthias Claudius ein
neuer Nationalstolz entwickelte. Ein wahrer Germania-Kult entwickelte sich
dann im Zeitalter der Befreiungskriege, als im Kampf gegen Napoleon das neuerstarkte Deutschland gern in der Figur des reinen „teutschen Mädchens", der
Braut, die auf ihren Bräutigam wartet, oder der sorgenden Mutter des Volkes
allegorisiert wird und wo sich im Rückgriff auf Tacitus und die germanischen
Urtugenden bei all diesen Figuren wieder der Name ‚Germania' einstellt. Nicht
nur Arndt, Jahn und Fichte sprechen in diesen Jahren ständig von der glorreichen Germania, auch Kleist will unter diesem Titel eine deutschgesinnte Zeit-

---

[147] Jost Hermand: "Braut, Mutter oder Hure? Heiner Müllers Germania und ihre Vorgeschichte"; in ders. "Sieben Arten an Deutschland zu leiden", Königstein,1979; Vgl. S. 127 ff.
[148] Jost Hermand: "Braut, Mutter oder Hure? Heiner Müllers Germania und ihre Vorgeschichte"; in: (ders.) "Sieben Arten an Deutschland zu leiden"; Königstein, 1979; Vgl. S. 127 ff.

schrift gründen. Selbst die Studenten organisieren sich innerhalb einer Burschenschaft, die sich ‚Germania' nennt. Im Rahmen dieser Bewegung stellen sich die ersten nationalen Überheblichkeitsgefühle ein. Hier erscheint die Germania nicht nur als Symbol eines Einheitswunsches, sondern auch als Ausdruck eines überhöhten Nationalstolzes.[148a]

In der Restaurationsphase verschwand die Germania von der Bildfläche und taucht als vorwärtsweisende Allegorie erst im Vormärz in den Jahren 1840 bis 1848 wieder auf. Hermand führt die aristophanische Komödie „Die politische Wochenstube" (1845) von Robert Prutz an, in der ein Germania-Bild ähnlich dem Heiner Müllers gezeichnet wird: Schlaukopf der Held bedient sich eines zur Germania aufgeschminkten „feilen Weibes", das die neue Zeit gebären soll, da das Regime (und auch er) davon überzeugt ist, daß man das aufrührerische Volk nur noch durch die Hoffnung auf eine bessere Zukunft im Zaum halten kann. Weil Schlaukopf befürchtet, daß Germania eine Mißgeburt zur Welt bringen könnte, soll ihr ein Doktor notfalls ein Kind unterschieben. Dieser Plan mißlingt. Die falsche Germania zerplatzt im Augenblick der Geburt und bringt scharenweise Reaktionäre zur Welt. In diesem Moment sieht die echte Germania, eine wesentlich jüngere Frau, ihre Chance, offen vor das Volk hinzutreten und es aufzufordern, seine Ketten abzuschütteln.[149]

Andere Vormärzler waren skeptischer und hatten Angst, daß die Germania nach ein paar vorrevolutionären Tagen wieder verschwinden würde. Und die Geschichte gab ihnen recht. Österreich und Frankreich wurden in die Knie gezwungen. Zwischen 1805 und 1815 wurde im Bereich der Nationalallegorie aus der Germania die brünstige Braut, die endlich das Hochzeitsbett mit dem Herrscher aller Deutschen besteigen möchte. Vor allem um 1870 taucht die

---

[148a] Jost Hermand: "Braut, Mutter oder Hure? Heiner Müllers Germania und ihre Vorgeschichte"; in: (ders.) "Sieben Arten an Deutschland zu leiden", Königstein, 1979; Vgl. S. 129 ff.
[149] Jost Hermand: "Braut, Mutter oder Hure? Heiner Müllers Germania und ihre Vorgeschichte"; in: (ders.) "Sieben Arten an Deutschland zu leiden", Königstein, 1979; Vgl. S. 129 ff.

Germania auf vielen Siegesmeldungen, Postkarten usw. immer wieder als strahlende Siegerin auf. [149a]

Als Rosselenkerin, Walküre, Siegesgöttin oder völkische Braut, die sich 1815 noch mit dem Volk vereinigen wollte, es jetzt aber bevorzugt, sich mit der Obrigkeit zu vermählen. Von da tauchten plötzlich überall Germanias auf: auf den Siegesdekorationen von Anton Werner, auf dem von Johannes Schilling entworfenen Niederwalddenkmal, zu dessen Grundsteinlegung Kaiser Wilhelm I. extra angereist kam oder auf den Briefmarken des neuen Reiches. Bei der Breite und Trivialität dieser Germaina-Begeisterung blieben Gegenstimmen natürlich nicht aus. Ihren letzten Höhepunkt erlebte die Germania-Begeisterung im Ersten Weltkrieg, als Kaiser und Heeresleitung nichts ausließen um die Figur noch einmal mit allem Pomp und Prunk auf die nationale Bühne zu stellen. Um so blasser wird ihr Bild dafür in der Weimarer Republik. Die Liberalen und Sozialdemokraten huldigten einem verschwommenen Internationalismus und ließen die Nationalidee für die völkischen Nationalisten übrig. Diese hatten ein leichtes Spiel, den Nationalgedanken in ihrem Sinn auszuschlachten. Jedoch war Germania nicht mehr die wilhelminisch aufgeputzte Reichsheldin mit ihrem Richtung Westen gezückten Flammenschwert, sondern die unentwegt schwangere stolze ‚Mutter des Volkes', da man das Wehrhafte von jetzt ab nur noch im Bereich des Männlichen gelten ließ. Nach dem Zweiten Weltkrieg bestand das alte Deutschland nicht mehr.

Müller bezieht sich auf die Tradition der allegorischen Verwendung der Germania-Figur, und verändert sie gleichzeitig. Bei ihm ist sie Handlangerin der Macht. Dabei ist das Bild der Germania dem allegorischen Bild der Frau im Engel der Verzweiflung in DER AUFTRAG kontrapunktisch entgegengesetzt.[150]

[149a] Jost Hermand: "Braut, Mutter oder Hure? Heiner Müllers Germania und ihre Vorgeschichte"; in: (ders). "Sieben Arten an Deutschland zu leiden", Königstein, 1979; Vgl. S. 131 ff.

[150] Jost Hermand: "Braut, Mutter oder Hure? Heiner Müllers Germania und ihre Vorgeschichte"; in: (ders). "Sieben Arten an Deutschland zu leiden", Königstein, 1979; Vgl. S. 131 ff.

So wird in der Szene DIE HEILIGE FAMILIE die Geisterstunde der deutschen Geschichte als skurille Parodie vorgeführt. Im Führerbunker steht Hitler für Gottvater und Goebbels für die Jungfrau Maria. Er hat einen Klumpfuß wie der Teufel, riesige Brüste und ist in grotesker Umkehrung aller politischen und biologischen Fakten hochschwanger. Germania bleibt nur die Funktion der Hebamme. Jost Hermand analysiert das so:

> „Die Germania fungiert in diesem Stück weder als Allegorie des Volkes noch als reichlich strapazierte Brautfigur. Sowohl der religiöse Nimbus als auch der Glanz utopischer Verheißung fehlen ihr."[151]

Stattdessen ist sie „riesig,, boxt Hitler vor den Bauch, rüttelt an seinen Zähnen, greift ihm an den Hoden, verpaßt ihm eine Ohrfeige und schminkt Goebbels eine Nuttenmaske".[152]

Schließlich zieht sie Goebbels mit einer Zange einen Contergan-Wolf aus dem Bauch, woraufhin sie von Hitler gefoltert und letztlich von der hundsköpfigen Ehrenkompanie vor eine Kanone gebunden wird. Mit Germania, die von Hitler vorher als „Mama" angerufen wird, stirbt zugleich das deutsche Volk und die nationale Identität. Was bleibt ist eine Mißgeburt. Der Contergan-Wolf, von dem sie Goebbels per Zangengeburt entbindet, steht für die BRD, Deutschland nach dem Krieg, ein mißgestalteter Nachkomme, dem die alliierten Könige trotz seines schrecklichen Anblicks huldigen. Germania oder das deutsche Volk ist keine kämpfende Frau mehr, sondern wird nach der Geburtshilfe gefoltert und getötet. Nach 1945 gibt es für Müller keine Germania mehr. Diese ist endgültig im Führerbunker in tausend Fetzen zerschossen worden. Dahinter steht Müllers Auffassung: „Man tötet eine Nation am gründlichsten, wenn man ihr Gedächtnis und ihre Geschichte auslöscht."[153]

Dabei geht er davon aus, daß Deutschland niemals eine Nation war. In dem Augenblick, wo sich ein überzogenes Nationalgefühl durch die Nazis ent-

---

[151] Jost Hermand: "Braut, Mutter oder Hure? Heiner Müllers Germania und ihre Vorgeschichte"; in: (ders). "Sieben Arten an Deutschland zu leiden", Königstein, 1979; Vgl. S. 140

[152] Heiner Müller: "GERMANIA TOD IN BERLIN"; in: (ders.) "Germania Tod in Berlin", Berlin, 1996; S.60

[153] Heiner Müller: "Gesammelte Irrtümer 1", 1. Auflage, Frankfurt am Main, 1986, S. 78

wickelte, ‚zerplatzt' die Nation. Für Müller ergibt sich daraus eine Parallele zu dem Marx-Zitat: „Die Deutschen erleben die Freiheit immer nur am Tag ihrer Beerdigung."[154]

Das wirkt einerseits pessimistisch, da mit diesem Vorgang das Ende der deutschen Nation besiegelt wird. Doch andererseits ist gerade durch diesen ‚Tod in Berlin', der Kreislauf durchbrochen und damit Platz für etwas Neues geschaffen worden. Denn aus dem Untergang des deutschen Reiches entsteht auch der neue sozialistische Staat.

In der Szene DIE STRASSE 2 hält ein Greis einen Monolog, indem er die Stadt Berlin mit einem weiblichen Vorzeichen versieht.

„ALTER mit Kind auf dem Rücken:
Hier haben wir Berlin, der Kaiserhure
Die Fetzen vom Kartoffelbauch gerissen
Den Preußenflitter von der leeren Brust
Die Kaiserhure war Proletenbraut
Für eine Nacht, nackt im Novemberschnee
Von Hunger aufgeschwemmt, vom Generalstreik
Gerüttelt, mit Proletenblut gewaschen."[155]

Der Alte verbindet die deutsche Geschichte mit der Stadt Berlin, hier dargestellt als halbverhungerte Hure. Er spielt auf die opportunistische Rolle Berlins im Wandel der Machtverhältnisse an.

Zur Hauptstadt Brandenburgs - und damit später Preußens sowie des Deutschen Reiches - wurde die ehemalige Hansestadt nicht trotz, sondern wegen ihrer Aufsässigkeit. „Vielleicht hat man den berühmten Berliner Unwillen überschätzt - der Berliner braust leicht auf, eignet sich jedoch, mangels Durchhaltewillen, kaum zum Revolutionär" - jedenfalls verlegten Kurfürst Albrecht und sein als Regent fungierender Sohn Johann die Residenz nach Berlin oder vielmehr auf das damalige Schloß zu Coelln, nicht um die Berliner damit zu ehren, sondern um sie besser zu kontrollieren. Eine aufgezwungene Hauptstadtfunktion, die auch fast immer als eine solche begriffen worden ist. Das hat

---

[154] Heiner Müller: "Jenseits der Nation", Köln, 1989; S. 63
[155] Heiner Müller: "GERMANIA TOD IN BERLIN"; in: (ders.) "Germania Tod in Berlin", Berlin, 1996; S 38

die Berliner nie daran gehindert, der wechselnden Obrigkeit zuzujubeln. Die Stadt besaß seit jeher ein eigenes Gefühl für Schauwert und Massenaufmärsche. Wo ein Herrscher, ein eigener oder, noch besser, ein fremder, auftauchte, stand die Stadt nur zu gern als Massenkulisse bereit. Die Liste derjenigen, die Berliner Jubel entgegennahmen reicht vom Raubritter Dietrich Quitzow über Napoleon Bonaparte, bis hin zu Adolf Hitler oder J. F. Kennedy mit seinen berühmten Worten „Ich bin ein Berliner" bis hin zu Nixon oder Hollywood-Stars wie Gary Cooper. Berlin jubelte gern, war aber selten loyal.[156] Letztendlich ist Berlin die Stadt, in der die Führer der sozialistischen Arbeiterbewegung Rosa Luxemburg und Karl Liebknecht ermordet wurden.

Auch in der Literatur wurde der Großstadt eine ambivalente Rolle zu Teil. Vor allem in den Dichtungen des Expressionismus wird die Stadt als dämonisches, infernalisches Wesen erfaßt, das die Menschen korrumpiert und verschlingt, wie die Hydra den Revolutionär.[157]

Mit diesem Bild der Stadt Berlin als Hure schafft Müller einen guten Übergang zur Staatsgründungs-Szene im Rotlicht- und Prostitutionsmilieu. Die Staatsgründung der DDR ist kein feierlicher Augenblick, ein Tag wie jeder andere. Mehrere Huren treten auf. Ihr Zuhälter fordert sie auf, um Kunden zu werben. Die Huren erwidern, daß Staatsfeiertag ist, worauf der Zuhälter schimpft: "Gefickt wird unter jeder Regierung".

Die Huren unterhalten sich ungerührt weiter. Sie wünschen sich vor allem materiellen Wohlstand, Pelze und teure Kleider, was eher westlichen Maßstäben entspricht. Nur eine von ihnen nimmt sich den Tag frei.

„He, Puppe!

JUNGER MANN   Laß die Frau los.

BETRUNKENER   *torkelt weiter*: OH WIE ENSAM SCHLÄGT DIE BRUST.

JUNGER MANN   Gehn wir zusammen?

---

[156] Erhard Bethke (Hrsg.): "Friedrich der Große"; Gütersloh 1985; S. 113
[157] Elisabeth Frenzel: "Motive der Weltliteratur", 4. Auflage; Stuttgart, 1992, Vgl. S. 675 ff.

HURE 1   Heute ist Feiertag. Heute geh ich allein."[158]

Als einzige verleiht sie der sozialistischen Staatsgründung ein positives Vorzeichen. Zumindest eine Hure, also die niedrigste in der Gesellschaft handelt idealistisch. Mit diesem Bild der Hure reiht Müller sich in eine altbekannte literarische Tradition ein. Schon Nietzsche pries die Vorzüge von Prostituierten.

> "Die Huren sind ehrlich und tun, was ihnen lieb ist, und ruinieren nicht den Mann durch das Band der Ehe."[159]

In der Literaturgeschichte wurde mit der Hure nicht zwangsläufig ein negatives Bild verbunden. Vielmehr wurde sie allegorisch überhöht oft als selbstlose Kurtisane dargestellt. Die Prostitution stellte ein Gegengewicht zur Unantastbarkeit der Jungfrau und Ehegattin dar und nötigte denen, die dieses Geschäft ausübten eine soziologische Sonderstellung auf. Verdammt und doch geduldet, ja erwünscht, stand die Prostituierte außerhalb der etablierten Gesellschaft und in den Ländern mit Kastenwesen gehörte sie der untersten Kaste an. Ihr wurden nicht die Rechte der sonstigen - nicht einmal der ärmsten Frauen zugestanden. Das allgemeingültige Bild der Kurtisane als einer Außenseiterin, die das verkauft, was andere Frauen verschenken und dann leidenschaftslos ist, wenn andere von Gefühlen beherrscht werden, läßt als ihre Haupteigenschaften Gefühlskälte und Selbstsucht erscheinen. Jedoch zeigt sich in der Literatur auch eine entgegengesetzte Tradition, die das realistische Bild in sein Gegenteil verwandelte. In dieser Motiventwicklung wurde der Gegensatz der Kurtisane zur weiblichen Umwelt annulliert und ihr Wesen den Wunschvorstellungen von weiblicher Tugend angepaßt, indem sie sich in kritischen Situationen als opferwillig erwies. Eine höhere Einschätzung der Kurtisane in der griechischen Literatur war durch die gesellschaftlichen Verhältnisse gegeben. Da die Ehe in Athen eher wirtschaftlicher Natur war, hielten sich die Männer Nebenfrauen, Hetären. Diese hatten eine gehobene Stellung woraus sich auch das Anliegen der Literatur erklärt, sie auch moralisch überhöht darzustellen. Müller könnte sich auch auf die Figur des Straßenmädchens Shen Te aus „DER GUTE

---

[158] Heiner Müller: "GERMANIA TOD IN BERLIN"; in: (ders.) "Germania Tod in Berlin"; Berlin, 1996; S. 39
[159] Eberhard Puntsch: "Zitatenhandbuch", 2. Auflage; München November 1996; S. 807

MENSCH VON SZEZUAN" beziehen. Diese bedarf keiner Bekehrung um Opferfähigkeit zu erlernen, da sie als Vertreterin der untersten Volksschicht der gute Mensch schlechthin ist, den die Götter suchen. Alle rettenden Eigenschaften, die der Kurtisane von der Literatur zugeschrieben worden, d.h. Opferwillen bis zur Selbstaufgabe, Ehrlichkeit, Selbstlosigkeit, Edelmut, Sinnlichkeit und Reue sind in ihr vereint. Dabei ist die Basis-Figur der reuigen Sünderin schon im Lukas-Evangelium zu finden. Maria Magdalena, der Jesus ihre Sünden vergibt.[160]

So vergibt der junge Arbeiter in Müllers Drama seiner Hure, läutert sie von ihrer sündigen Vergangenheit. Hieraus könnte man schließen, daß die Frau nur durch den Mann rehabilitiert werden kann.

Auch die Szene um Stalins Todestag - „Hommage á Stalin 2" - ist im Milieu angesiedelt, diesmal in einer Kneipe. Wieder treten drei Huren auf, neben einem Schädelverkäufer und zwei Kleinbürgern.

„KLEINBÜRGER 1 Wie wärs mit uns, Kollegin.

HURE 3   Geh nach Hause, Kleiner. Mama weint.

Hure 1   Es gibt keine Mütter mehr."[161]

Hier wird wieder auf die deutsche Nation angespielt, die mit dem Tod der Germania nicht mehr existiert. Mit der Bemerkung „Es gibt keine Mütter mehr", macht die Hure eine fatalistische Einstellung zur Zukunft, auch der DDR, deutlich.

Ein Betrunkener schwärmt von seinen Kriegserlebnissen im Kessel von Stalingrad. Da der Sozialismus selbst sich nicht vom allgemeinen Gemetzel abhebt, sondern durch den Diktator Fijodor Stalin tief darin verstrickt ist, sind alle Hoffnungen überschattet von Trauer und Skepsis.

---

[160] Elisabeth Frenzel: "Motive der Weltliteratur", 4. Auflage; Stuttgart, 1992, Vgl. S. 435 ff.
[161] Heiner Müller: "GERMANIA TOD IN BERLIN"; in: (ders.) "Germania Tod in Berlin"; Berlin, 1996; S 51

In dieser Szene verliebt sich ein junger Maurer in eine Hure. Er hält sie für eine Jungfrau und plant, sie zu heiraten. Die Hure steht für die kommuistische Partei, wie es der junge Maurer in der Szene TOD IN BERLIN 2 ausdrückt. In dieser Szene trifft er Hilse, den ewigen Maurer und Held der Arbeit.

„JUNGER MAURER
Was soll ich machen. Sie ist eine Hure. Ich hab gedacht, sie ist die Heilige
Jungfrau. Und angegeben mit ihr wie ein Idiot Und keiner hat mir was gesagt
und alle
Habt ihrs gewußt, du auch, und krumm gelacht
Habt ihr euch über den Idioten, der
Sich eine Hure aus dem Rinnstein fischt.
Und präsentiert sie als Heilige Jungfrau.
Habt ihr ihn alle dringehabt bei ihr.
Weißt du, was das für ein Gefühl ist, Alter
Wenn du mit einem Engel durch Berlin gehst
Du denkst, sie ist ein Engel, schön wie keine
Die du gehabt hast vor ihr, und ich kann sie
Nicht an den Fingern abzähln, aber so
War keine, wenn du ihre Beine siehst
Zum Beispiel bist du schon besoffen, und
Jetzt gehst du durch Berlin mit ihr und alles
Was einen Schwanz hat, dreht sich um nach ihr und
Bei jedem, der sich nach ihr umdreht, denkst du
Vielleicht hat er ihn dringehabt bei ihr.
Wenn dir zum Beispiel einer sagt, deine Partei, für die du dich geschunden hast
Und hast dich schinden lassen, seit du weißt
Wo rechts und links ist, und jetzt sagt dir einer
Daß sie sich selber nicht mehr ähnlich sieht
Deine Partei, vor lauter Dreck am Stecken
Du gehst die Wände hoch und ohne Aufzug.
KOMM ZU MIR AUS DEM RINSTEIN. Gestern hat sies mir gesagt. Alles.
Und ich hab nicht gewußt
Bis gestern, wie lang eine Nacht ist. Und jetzt kommt das Verrückte: alles ist
wie vorher. Ich bin besoffen, wenn ich sie bloß anseh.KOMM ZU MIR AUS
DEM RINNSTEIN. "[162]

Dieses längere Zitat setzt die kommunistische Partei mit einer Hure gleich, die falsche Tatsachen vortäuscht und die Sinne verwirrt. Hier macht Müller am Bild der Frau die negative Entwicklung des realen Sozialismus fest, der die Hoffnungen und Sehnsüchte seiner Anhänger enttäuscht hat. Dennoch steht der

---

[162] Heiner Müller: "GERMANIA TOD IN BERLIN"; in: (ders.) "Germania Tod in Berlin"; Berlin, 1996; S. 76/77

junge Arbeiter zur Hure und ihrem Kind und nimmt so Abschied von der Illusion der unbefleckten Reinheit. Der politischen Variante dieses Themas, der geglückten Revolution, hängt Hilse bis in seinen Tod hinein nach.

In der letzten Szene liegt Hilse, der zuvor von faschistischen Jugendlichen gesteinigt wurde im Sterben. Er wird vom Krebs dahingerafft, wodurch sich eine Verbindung zu QUARTETT ergibt, das mit den Worten Merteuils endet: "Jetzt sind wir allein Krebs mein Geliebter."[163]

Im Todeskampf hat Hilse die Vision einer Symbiose der wiederauferstandenen Roten Rosa und der untergegangenen Germania. Diese Vision ist für ihn eine ungebrochen positive, denn er sieht „rote Fahnen über Rhein und Ruhr",[164] ein sozialistisches, einheitliches Deutschland. Aber schon der in Erinnerungen an die Schlacht bei Stalingrad schwelgende Betrunkene ist ein Zeichen dafür, daß der Sozialismus immer noch etwas Unheilvolles gebären kann. Zudem wird Hilses Vision vom sozialistischen Deutschland dadurch problematisiert, daß sie die Realität verkennt, denn sie ist die unerfüllte Sehnsucht eines sterbenden Arbeiters. Er spricht wie im Wahn. Indem die Hure für den sterbenden Hilse zur „Roten Rosa" wird, verklärt er nicht nur Gegenwart, sondern auch Geschichte. „HILSE Die rote Rosa. So trifft man sich wieder. Hat dir die Spree das Blut schon abgewaschen. Bleich siehst du aus."[165]

Im Zusammenhang mit Heiner Müllers Geschichtsverständnis zeigt sich, daß für ihn mit Rosa Luxemburg auch der Kommunismus stirbt.

> „Historisch gesehen, beginnt die Tragödie des deutschen Kommunismus mit
> der Ermordung von Karl Liebknecht und Rosa Luxemburg, die zur totalen Abhängigkeit von Lenin beziehungsweise der KP der Sowjetunion führte. Seither sind führende, eigenständige Köpfe der kommunistischen Bewegung nie nachgewachsen, und wenn da noch mal ein Kopf wuchs, wurde er, jedenfalls in der Stalinzeit, schnell wieder abgeschlagen."[166]

---

[163] QUARTETT; in Heiner Müller: "Herzstück"; Berlin, 1996; S. 90
[164] Heiner Müller: "GERMANIA TOD IN BERLIN"; in: (ders.) "Germania Tod in Berlin"; Berlin, 1996; S 78
[165] Heiner Müller: "GERMANIA TOD IN BERLIN"; in: (ders.) "Germania Tod in Berlin"; Berlin, 1996; S. 77
[166] Heiner Müller: "Jenseits der Nation", Köln 1989; S. 8

Obwohl Müller die „Rote Rosa" wieder auferstehen läßt, ist ihr Erbe am Ende des Stücks noch nicht wirklich aufgenommen. Es gibt keine eindeutige Lösung. Die „Rote Rosa", die an die Stelle der Germania tritt, ist zwar einerseits nur eine Illusion des alten Hilse, aber andererseits ein wirklicher Mensch und nicht nur eine Wahnerscheinung oder eine Allegorie. Während Brecht nach 1945 im Hinblick auf die DDR von einer syphilitischen, aber schwangeren Hure gesprochen hat, handelt es sich hierbei zwar auch um eine schwangere Hure, die aber nicht mehr syphilitisch ist und sich außerdem einem jungen Arbeiter angeschlossen hat. Und das sind - im Vergleich zu Brecht - immerhin Fortschritte.[167]

3.2. LEBEN GUNDLINGS FRIEDRICH VON PREUSSEN LESSINGS SCHLAF TRAUM SCHREI
Tötende Mutter versus tötender Vater

Auch in diesem „Greuelmärchen", so lautet der Untertitel, wird das zenrale Thema der mörderischen Geschichte wieder am Bild der Frau festgemacht, wobei Müller ähnlich wie in GERMANIA TOD IN BERLIN sein besonderes Augenmerk auf die preußische Geschichte und das Scheitern der deutschen und europäischen Aufklärung legt. In diesem Zusammenhang betrachtet der Autor die Preußische Geschichte auch als Vorgeschichte zum Natinalsozialismus. Dabei macht er zentrale Aussagen nicht mehr an bestimmten Figuren fest. Weibliche und männliche Komponenten verwischen sich wie schon in der HAMLETMASCHINE und VERKOMMENES UFER MEDEAMATERIAL LANDSCHAFT MIT ARGONAUTEN. Die Geschlechter-Grenzen beginnen sich aufzuheben, was schon in der *Anmerkung* zum Stück deutlich wird.

> *„Friedrich II kann von einer Frau dargestellt werden oder als Prinz von einem (jungen) Mann, als König von einer Frau."*[168]

Die Geschichtsauffassung des Autors erreicht mit diesem Drama, verkörpert durch eine Parodie der Figur Friedrichs II, ihre Zuspitzung:

---

[167] Jost Hermand: "Braut, Mutter oder Hure? Heiner Müllers Germania und ihre Vorgeschichte"; in: (ders.) "Sieben Arten an Deutschland zu leiden", Königstein, 1979; Vgl. S. 141
[168] Heiner Müller: "LEBEN GUNDLINGS FRIEDRICH VON PREUSSEN LESSINGS SCHLAF TRAUM SCHREI"; in: (ders.) "Herzstück"; Berlin, 1996; S. 9

„Ich habe ein neues Zeitalter nach dem andern heraufkommen sehen, aus allen Poren Blut Kot Schweiß triefend jedes. Die Geschichte reitet auf toten Gäulen ins Ziel."[169]

In der Szene PREUSSISCHE SPIELE findet ein parodistischer Rollentausch statt. Müller wirft einen Blick auf Friedrichs Kindheit. Friedrich, seine Schwester Wilhelmine und Leutnant Katte spielen Blindekuh mit einem homoerotischen Einschlag. Die Rollentausch-Idee, die sich schon in der HAMLETMASCHINE zeigt, wird in der Regieanweisung fortgesetzt:

"Während Katte mit verbundenen Augen herumtappt, tauschen Friedrich und Wilhelmine die Kleidung. Friedrich und Wilhelmine versuchen einander aus dem Weg zu drängen, wenn Katte auf einen von beiden zugeht. Manchmal wird aus der Berührung ein Streicheln, aus dem Wegdrängen eine Umarmung."[170]

Zwischen Friedrich und seiner Schwester findet ein erotischer Wettkampf um Kattes Gunst statt. Als Wilhelmine sich schwer von hinten an Katte anlehnt, ruft Friedrich beleidigt zum Tragödie-Spielen auf. Mit dem Ausspruch: „Ich bin Phädra", verleiht er dem Wunsch Ausdruck, eine Frau zu sein d.h., zur unterdrückten Klasse zu gehören.

Phädra war in der antiken Tragödie die Tochter des Minos und der Pasiphäe. Obwohl Theseus die ältere Minos-Tochter Ariadne verlassen oder verloren hatte, schloß ihr Bruder Deukalion nach dem Tode des Minos ein Bündnis mit dem athenischen König und gab ihm seine Schwester Phädra zur Frau. Diese verliebte sich einige Zeit später heftig in Hippolytos, den Sohn des Theseus aus einer früheren Ehe mit einer Amazonenkönigin, der über Troien herrschte, jenes Reich, das Theseus geerbt hatte. Als Phädra erkannte, daß Hippolytos über ihre Liebeserklärung entsetzt war, verklagte sie ihn bei seinem Vater und behauptete, er habe sie verführen wollen. Danach erhängte sie sich und auch Hippolytos, von Theseus verflucht, fand bald den Tod.[171]

---

[169] Heiner Müller: "LEBEN GUNDLINGS FRIEDRICH VON PREUSSEN LESSINGS SCHLAF TRAUM SCHREI"; in: (ders.) "Herzstück"; Berlin , 1996; S. 34
[170] Heiner Müller: "LEBEN GUNDLINGS FRIEDRICH VON PREUSSEN LESSINGS SCHLAF TRAUM SCHREI"; in: (ders.) "Herzstück"; Berlin , 1996; S. 14
[171] Michael Grant und John Hazel: "Lexikon der antiken Mythen und Gestalten";11. Auflage, München, 1995, Vgl. S. 334 ff.

99

Phädra stellt sich als die Inkarnation der verschmähten Frau dar, eine gespaltene Persönlichkeit, die einerseits Rache am Objekt ihrer Begierde nimmt, andererseits ihre Aggressionen gegen sich selbst richtet und sich tötet. Wie Shakespeares Ophelia ist sie gefangen in der weiblichen Unterdrückungsgeschichte, denn für das Eingeständnis ihrer Sinnlichkeit und den Verrat an ihrem Mann, muß sie den antiken Gesetzen gemäß mit dem Leben bezahlen. [172] Diese antike Brutalität setzt sich fort bis ins Preußen des Soldatenkönigs. Friedrich identifiziert sich mit der unterdrückten Frau. Der historische Hintergrund ist die zunehmend schwierige Beziehung zwischen Friedrich Wilhelm und seinem Sohn, der als Kronprinz der freudlosen väterlichen Arbeitswelt mit ihrer Härte und ihrem Drill entkommen will. Mit Hilfe seines früheren Pagen, des Leutnants im Potsdamer Garderegiment Hans Hermann von Katte, plant er die Flucht. Der schlecht geplante Fluchtversuch schlägt fehl und Friedrich und seine Fluchthelfer werden eingekerkert und vor ein Kriegsgericht gestellt. Ob der tiefverletzte König, der seinem Sohn die Flucht als Verrat ankreidete, wirklich jemals den Gedanken erwogen hat, über seinen Sohn die Todesstrafe zu verhängen, muß offen bleiben, zugetraut wurde es ihm jedenfalls. Über den zweiten Hauptangeklagten, den Leutnant von Katte, verhängte der König selbst die Todesstrafe, um ein Exempel zu statuieren. Desweiteren verfolgte der König einen pietistischen Bekehrungsversuch an seinem skeptischen Sohn im Angesicht des Todes. Er zwang den über sein weiteres Schicksal bewußt im Unklaren gelassenen Friedrich, dem Schauspiel der Exekution des Mitverschworenen zuzusehen.[173]

Bei Müller stirbt mit Katte auch der gefühlvolle Friedrich, der sich mit verschmähter weiblicher Sinnlichkeit identifizieren kann. Zurück bleibt ein gespaltener, sich einerseits von seiner brutalsten Seite zeigender, aber andererseits schwacher Despot, der fliehende Soldaten in die Schlacht zurückprügelt, jedoch im Angesicht des vom Blut rotgefärbten Schnees „kotzen" muß.

„FRIEDRICH

---

[172] Elisabeth Frenzel: "Motive der Weltliteratur", 4. Auflage; Stuttgart, 1992, Vgl. S. 160 ff.
[173] Erhard Bethke (Hrsg.): "Friedrich der Große"; Gütersloh 1985; Vgl. S 46 ff.

Ich wollte, ich wäre mein Vater. Roter Schnee. *Friedrich kotzt.*"[174]

Hier zeigt Heiner Müller zum ersten Mal die Geschichte aus einem anderen Blickwinkel als dem der durch Reproduktion mordenden Mutter. Dargestellt wird der grausame Vater Friedrich Wilhelm, der aus seinem Sohn einen ‚ganzen Mann' machen will, um so die Schlächterfunktion an ihn weiterzugeben. Müller reduziert dabei das Bild Friedrichs und seines Vaters auf die kriegerische Grausamkeit. Dabei ist Friedrichs Brutalität Ausdruck seiner von ihm und seinem Vater angezweifelten Männlichkeit. Plötzlich taucht auch der zuvor hingerichtete Katte wieder auf und muß Friedrich aus Racine vorlesen. Diesmal nicht aus Phädra, sondern aus Britannicus IV, einem blutrünstigen Kriegsdrama, welches wiederum seinem Wunsch, ein kämpferischer, starker Mann zu sein, Ausdruck verleiht. Werden also Männer bei Müller zu Schlächtern, um der angeblich weiblichen Schwäche zu entkommen und sich als Mann zu beweisen?

Die nächste Szene „HERZKÖNIG SCHWARZE WITWE" beginnt mit einer Projektion von Leda mit dem Schwan (Rubens) und bildet ein Gegenbild zu dem väterlichen männlichen Schlächter Friedrich Wilhelm. Leda war in der antiken Tragödie die Mutter von Helena, welche Krieg, Tod und Verderben über Troja brachte.[176]

Leda deutet auf die Mutter, als Schlächterin hin, deren Tochter die Schuld am Untergang Trojas trägt. In dieser Szene hält ein infantil-cholerischer Friedrich, der in der Nase bohrt, eine Puppe durch den Raum schleudert und wie wahnsinnig auf ihr tanzt, der um Gnade bettelnden Sächsin entgegen:

„Ich bin der Witwenmacher. Weiber
zu Witwen machen, Weib, ist mein Beruf. Ich leer die Betten aus und füll die
Gräber."[177]

---

[174] Heiner Müller: "LEBEN GUNDLINGS FRIEDRICH VON PREUSSEN LESSINGS SCHLAF TRAUM SCHREI"; in: (ders.) "Herzstück"; Berlin, 1996; S. 16
[176] Michael Grant und John Hazel: "Lexikon der antiken Mythen und Gestalten";11. Aufl age; München, 1995, Vgl. S. 262
[177] Heiner Müller: "LEBEN GUNDLINGS FRIEDRICH VON PREUSSEN LESSINGS SCHLAF TRAUM   SCHREI"; in: (ders.) "Herzstück"; Berlin, 1996; S. 21

Damit widerspricht er der Auffassung, daß Frau per se die Schlächterin der Geschichte ist. Denn er ist es.

„Sagten Sie Gnade? Wolln Sie daß der König
Mir nicht mehr in die Augen sehen kann
Und meinen Preußen, die für mich in jeden Tod gehn, Spießruten laufen usw.
Den Müttern, die ihm ihre Söhne schlachten
Und der Geschichte, die ihn keinen Blick lang aus den Augen läßt. Will sie
das? Kann sie das wollen?"[178]

Die Geschichte, dargestellt aus einer männlichen Perspektive, gibt den Müttern die Verantwortung für den Tod ihrer Söhne, wie es sich als fortlaufende Linie in Müllers Werk herauskristallisiert. Müller stellt die Personalunion von Feind und Schlachtfeld (Mutterschoß) deutlich heraus, wenn Friedrich II die Sächsin dazu auffordert, noch mehr Kinder zu produzieren:

„Meine Kanonen brauchen Futter, Weib.
Wozu sonst hat sie ein Geschlecht im Leib."[179]

In der nächsten Szene, die in einem Irrenhaus spielt, singt eine Patientin ein altes Volkslied aus dem 16. Jahrhundert, das einen Hinweis auf männliche Mordlust gibt, die eindeutig triebgesteuert ist: Drei Mörder, die sich als Grafen ausgeben, suchen in einem Gasthaus Unterschlupf. Als sie sich nicht entscheiden können, wer von ihnen sich mit der Wirtstochter vergnügen darf, teilen sie sie mit dem Schwert.

Während die Geisteskranke singt, führt ein Professor Studenten durch die Anstalt und schildert die Krankheitsfälle. Doch in Wahrheit sind die in der Anstalt Inhaftierten die Gesunden. Die Patienten sind ein Hoffnungsschimmer in der düsteren Szenerie. Eine Mörderin, die ihren Ehemann tötete, also eine Frau die sich von männlicher Unterdrückung befreit hat; ein Knabe, „Idiot geworden durch Masturbation",[180] der keinen Geschlechtsverkehr mit Frauen kennt und somit auch keine Nachkommen ‚produzieren' kann. Für ihn hält der Professor

---

[178] Heiner Müller: "LEBEN GUNDLINGS FRIEDRICH VON PREUSSEN LESSINGS SCHLAF TRAUM SCHREI"; in: (ders.) "Herzstück"; Berlin, 1996; S. 21
[179] Heiner Müller: "LEBEN GUNDLINGS FRIEDRICH VON PREUSSEN LESSINGS SCHLAF TRAUM SCHREI"; in: (ders.) "Herzstück"; Berlin, 1996; S. 22
[180] Heiner Müller: "LEBEN GUNDLINGS FRIEDRICH VON PREUSSEN LESSINGS SCHLAF TRAUM SCHREI"; in: (ders.) "Herzstück"; Berlin, 1996; S. 25

eine sogenannte „Masturbationsbandage" bereit - „ein Sieg der Vernunft über den rohen Naturtrieb". [181]

Müllers Lösungsvorschläge zur Beendigung des Dilemmas vom Geborenwerden, um zu schlachten oder geschlachtet zu werden sind: Gattenmord, Masturbation oder Kastration.

In der Szene LESSINGS SCHLAF TRAUM SCHREI macht Lessing unmittelbar nach dem Abschnitt, in dem er seinem Geschichtspessimismus Ausdruck verleiht, eine Bemerkung über weibliche Suizidversuche, ein Selbstzitat aus HAMLETMASCHINE, TODESANZEIGE und QUARTETT welches wie schon angemerkt in dem Suizid seiner ersten Frau Inge seine biographische Wurzel findet.

> „Ich habe die Hölle der Frauen von unten gesehen. Die Frau am Strick Die Frau mit den aufgeschnittenen Pulsadern Die Frau mit der Überdosis AUF DEN LIPPEN SCHNEE Die Frau mit dem Kopf im Gasherd [...]." [182]

In dieser dramatischen Aussage stehen die Suizidversuche unmittelbar im Zusammenhang mit dem blutigen Geschichtsablauf. Selbstmord als ein Versuch, der weiblichen Unterdrückungsgeschichte zu entkommen.

Am Ende der Szene, vergißt der Lessing-Darsteller seinen Text.

> „Vergessen ist Weisheit. Am schnellsten vergessen die Götter. Schlafen ist gut. Der Tod ist eine Frau."[183]

Wieder ist es ein Mann (Lessing), der einer Frau die tödliche Funktion zuschreibt, um von seinem eigenen Versagen in diesem Fall der gescheiterten Aufklärung abzulenken. Im Grunde genommen sagt Lessing nichts anderes als daß die Frauen daran Schuld seien.

In der letzten Szene hat Müller den Dialog zwischen Phädra und Hippolyt aus Racine Phädra, II, 5 angefügt, aus dem noch einmal deutlich die Raserei der

---

[181] Heiner Müller: "LEBEN GUNDLINGS FRIEDRICH VON PREUSSEN LESSINGS SCHLAF TRAUM SCHREI"; in: (ders.) "Herzstück"; Berlin, 1996; S. 25

[182] Heiner Müller: "LEBEN GUNDLINGS FRIEDRICH VON PREUSSEN LESSINGS SCHLAF TRAUM SCHREI"; in: (ders.) "Herzstück"; Berlin, 1996; S. 35

[183] Heiner Müller: "LEBEN GUNDLINGS FRIEDRICH VON PREUSSEN LESSINGS SCHLAF TRAUM SCHREI"; in: (ders.) "Herzstück"; Berlin , 1996; S. 35

verschmähten Frau hervorgeht, als sie Hippolyt ihre Lust gesteht. Sie weist ähnliche Charakterzüge auf wie Medea. Jedoch richtet sie ihre Wut nicht nur gegen das Objekt ihrer Begierde, sondern auch gegen sich selbst, indem sie sich schließlich tötet.

3.4. QUARTETT
Tödliches Verwirrspiel der Geschlechter

Das Stück basiert auf dem 1782 erschienen Briefroman „Les Liaisons Dangereuses" (Gefährliche Liebschaften) von Choderlos de Laclos. Müller reduziert die Figuren des Romans auf zwei Protagonisten, die Marquise von Merteuil und ihren ehemaligen Liebhaber den Vicomte de Valmont. Das Stück erscheint zunächst wie ein Totentanz, ein zeitloses erotisches Experiment, das nach Müller gleichermaßen in einem Salon vor der Französischen Revolution sowie in einem Bunker nach dem Dritten Weltkrieg spielen kann - ein Spiel, in dem Verlierer ist, wer Gefühle zeigt.

Dem widerspricht jedoch, daß der Autor ironisierend bemerkt, daß darin noch ein Stück „Geschichtsoptimismus steckt", weil er sich sogar noch einen dritten Weltkrieg vorstellen kann.[184]

Wenn in der HAMLETMASCHINE die Neukonzeption des Frauendiskurses und die Auflösung der traditionellen Dramenform, die in Beibehaltung des 5-Akte-Schemas, des theatralischen Personals und als Gattung Trauerspiel noch parodiert wird, so ist QUARTETT dessen komödiantische Variante. Daß Müller QUARTETT tatsächlich als Komödie denn als ernstes Stück sieht, zeigt sich in folgendem Zitat:

> „Quartett ist doch auch wirklich eine Komödie. Aber es gibt eine so feierliche Haltung dem Text gegenüber, die die Leute daran hindert, die Klamotte zu entdecken. Dabei ist da doch auch ‚Charley's Tante' drin."[185]

QUARTETT ist ein Verwirrspiel um die An- und Abwesenheit des Mann- oder Frauseins und ein sexuelles Spiel mit tödlichem Ende. Die Darsteller, die Frau

---

[184] Heiner Müller: "Gesammelte Irrtümer 1"; 1. Auflage; Frankfurt am Main, 1986; S. 107
[185] Heiner Müller: "Gesammelte Irrtümer 1"; 1. Auflage; Frankfurt am Main, 1986; S. 139

Merteuil und der Mann Valmont schlüpfen in andere Rollen. Dadurch verdoppeln sie sich. Valmont spielt dabei sich selbst und die zu verführende Präsidentengattin Tourvel und Merteuil sich selbst, Valmont und ihre Nichte. Das Stück ist durch die Ankunft Valmonts bei ständiger Präsenz Merteuils strukturiert. QUARTETT setzt die von Müller in seinen Dramen immer wieder variierte Form einer maschinellen Verkettung der Sätze als fortlaufende Monologe ohne identifizierbare Träger fort. Prinzipiell sind fast alle Dramenfiguren Müllers monologisch konstruiert. Begegnung bedeutet nie das Aufeinandertreffen der Figuren im Dialog, nie echte Kommunikation, sondern ist Anlaß, kontrastierende Positionen zu artikulieren. QUARTETT exponiert zudem das Spiel, die Fiktion aller dramatischen Konversation, die hier durch das Spiel im Spiel, die Verschmelzung mehrerer Realitätsebenen zur Auflösung des Theatergeschehens führt. Hier - wie in allen bedeutenden Dramen Müllers - wird das Theater nicht bedient, sondern vor fast unlösbare Aufgaben gestellt, denn die Texte polemisieren gegen ihre Aufführbarkeit.

Man kann jedoch in QUARTETT ähnlich wie in der HAMLETMASCHINE Unterteilungen entdecken, z.B. den von der Frau dominierten Monolog/Dialog in die klassischen 5 Akte unterteilen.

Akt I: Die Masturbationsphantasie der einsamen alten Merteuil, deren Höhepunkt mit dem Auftritt Valmonts (Akt II) so abrupt wie zweideutig abbricht: „Sie kommen auf die Minute." [186] Die Konversation zwischen Valmont und Merteuil über Valmonts Erfolgsaussichten, die tugendhafte Präsidentengattin Tourvel zu verführen, entlarvt die Gesprächspartner als alte zynische Intriganten. Akt III: Von Valmont wieder verlassen, beginnt Merteuil das Verwechselspiel der Geschlechter. Dieser Akt ist die Achse des Stücks.

Merteuil spricht die Rolle des Mannes Valmont, imaginiert präzise, wenn auch gelegentlich gelangweilt ("undsoweiter") dessen routiniertes Liebeswerben um Madame Tourvel, bis Valmont selber wieder auftritt, um als Madame Tourvel in das Spiel miteinzustimmen, den Dialog zu ermöglichen: die Frau (Merteuil) spricht den anwesenden Mann, dieser (Valmont) die nichtanwesende

---

[186] Heiner Müller: "QUARTETT"; in: (ders.) "Herzstück"; Berlin,1996; S. 72

Frau (Tourvel). Vor Akt IV unterbricht ein durch zwei Pausen markiertes und dadurch besonders herausgestelltes Zwischenspiel die Verwechselungen.

Der Passus erhält eine Schlüsselstellung. Dem Mann bereitet die spielerische Verwandlung zur Frau Vergnügen, erfüllt einen Wunsch, den auch Hamlet äußert: „Ich will eine Frau sein." [187] Das gerade macht ihn als Patriarch kenntlich, der so souverän ist, daß er auch noch den Knecht spielen kann. Valmont löst nun Hamlets Wunsch ein und bemerkt: „Ich glaube, ich könnte mich daran gewöhnen, eine Frau zu sein, Marquise."[188]

Worauf Merteuil antwortet: „Ich wollte, ich könnte es."[189]

Das Stück endet mit den Worten der Frau Merteuil „Tod einer Hure. Jetzt sind wir allein Krebs mein Geliebter." [190] Merteuil (als Valmont) hat den Tod Tourvels (gespielt von Valmont) gefordert, und indem Merteuil als Valmont Tourvel, gespielt von Valmont, ein Glas mit vergiftetem Wein reicht, sterben beide. Nur weil Merteuil den Mann spielt, kann sie zur Mörderin des Mannes, der die Frau spielt, werden. Ihre Schlußworte gelten (im Spiel) sowohl Madame Tourvel, hinter der sie die Hure vermutet, als auch Valmont, den sie bereits vorher schon als Hure bezeichnet hat. „Sie sind eine Hure, Valmont."[191]

Wenn Merteuil am Ende ähnlich wie die Madonna allein mit dem Krebs ist, ausgegrenzt, ohne Möglichkeit der sexuellen Erfüllung, verkörpert sie nicht nur das hoffnungslose Gegenbild zur Schwangerschaft und damit zur Zukunft und allem geschichtlichen Fortschritt, sondern sie zerstört hier auch ihre Rolle als Mutter, womit sich wie bei Ophelia eine Absage an die bisherige Unterdrückungsgeschichte verbindet. Ähnlich wie auch der Verweigerungsakt Ophelias in „Das Europa der Frau" auch vom Chor oder von Hamlet gesprochen werden kann, äußert jetzt der Mann, Valmont, in der Rolle der sterbenden Frau Tourvel, die vollkommne Verweigerung der Frau. Diese richtet sich sowohl

---

[187] Heiner Müller: "DIE HAMLETMASCHINE"; in: (ders.) "Revolutionsstücke"; Stuttgart, 1988; S. 41
[188] Heiner Müller: "QUARTETT"; in: (ders.) "Herzstück"; Berlin,1996; S. 85
[189] Heiner Müller: "QUARTETT"; in: (ders.) "Herzstück"; Berlin,1996; S. 85
[190] Heiner Müller: "QUARTETT"; in: (ders.) "Herzstück"; Berlin,1996; S.90

gegen ihn selbst als Mann als auch an den im Mann repräsentierten Unterdrücker und Herrscher in der Geschichte.

> „Ich werde meine Adern öffnen, wie ein ungelesenes Buch. Sie werden es lesen lernen, Valmont nach mir. Ich werde es mit einer Schere machen, weil ich eine Frau bin. Jeder Beruf hat seinen eigenen Humor. Sie können sich mit meinem Blut eine Fratze schminken. Ich werde einen Weg zu meinem Herzen suchen durch mein Fleisch, den sie nicht gefunden haben, Valmont. Eine Frau hat viele Leiber. Ihr müßt es euch abzapfen, wenn ihr Blut sehen wollt. Oder einer dem andern. Der Neid auf die Milch unserer Brüste ist es, was euch zu Schlächtern macht. Wenn sie gebären könnten. Ich bedaure, Valmont, daß ihnen aufgrund eines schwer zu begreifenden Ratschlusses der Natur diese Erfahrung versagt bleiben wird, dieser Garten verboten. Sie würden ihr bestes Teil dafür geben, wenn sie wüßten, was ihnen entgeht, und die Natur mit sich reden ließe. Ich habe sie geliebt, Valmont. Aber ich werde eine Nadel in meine Scham stoßen, bevor ich mich töte, um sicherzugehen, daß in mir nichts wächst, was sie eingepflanzt haben, Valmont. Sie sind ein Ungeheuer, und ich will es werden. Grün und aufgeschwemmt von Giften werde ich durch ihren Schlaf gehn. Ich werde für sie tanzen, schaukeln am Strick. Mein Gesicht wird eine blaue Maske sein. Die Zunge hängt heraus. Den Kopf im Gasherd werde ich wissen, daß sie hinter mir stehen mit keinem anderen Gedanken als wie Sie in mich hineinkommen, und ich, ich werde es wollen, während mir das Gas die Lungen sprengt. Es ist gut, eine Frau zu sein, Valmont, und kein Sieger."[192]

Was hier stattzufinden scheint, ist die Verschmelzung der Rollen von Mann und Frau, Sieger und Verlierer, Schlächter und Opfer. Im Wesentlichen scheint der Monolog Valmonts/Tourvels ein weiblicher Diskurs zu sein, indem er die Artikulation der Verweigerung, der Rache, des Hasses, der Gewalt und Zerstörung bildet. Diese Auffassung vertritt Genia Schulz.[193]

Der weibliche Diskurs ist nicht mehr wie noch in der Aussage Ophelia/Elektras ein revolutionärer Diskurs, im Sinne eines Aufstands, den diese proklamierte. Es könnte jedoch sein, daß Müller gar nicht versucht, seine männliche Autorschaft zu verbergen, wie es sich auch in HAMLETMASCHINE zeigt. Denn die Aussage Valmonts als Tourvel scheint sich letzlich doch als männlicher Sprechakt zu entlarven, wenn der Mann Valmont als Frau be-

---
[191] Heiner Müller: "QUARTETT"; in: (ders.) "Herzstück"; Berlin,1996; S.88
[192] Heiner Müller: "QUARTETT"; in: (ders.) "Herzstück"; Berlin,1996; S.89/90
[193] Genia Schulz: "Abschied von Morgen. Zu den Frauengestalten im Werk Heiner Müllers" in: Heinz Ludwig Arnold (Hrsg.): Text und Kritik, Heft 73, München, Januar 1982; Vgl. S.65 ff.

hauptet, daß er/sie besprungen werden will, während ihm/ihr das Gas die Lungen sprengt. Diese Äußerung scheint doch eher Produkt einer männlich gewalttätigen Phantasie als weiblichem Wunschdenken zu entspringen. Dennoch zeigt sich in der Aussage Valmonts/Tourvels, daß an die Kategorie des Weiblichen doch keine unmittelbare Hoffnung auf eine revolutionäre Veränderung geknüpft ist. Der Grund liegt wohl in einer veränderten Geschichtsauffassung Müllers in den letzten Jahren, die sich in der Regieanweisung zu QUARTETT zu erkennen gibt: „Zeitraum: Salon vor der Französischen Revolution/Bunker nach dem dritten Weltkrieg". Nicht nur politisch signifikante Ereignisse werden in diese Zeitspanne eingeblendet, sondern die Hoffnung auf eine revolutionäre Veränderung, wenn sie überhaupt noch besteht, wird in die Zukunft vertagt.

Aus dieser Perspektive präsentiert sich das Drama als Parabel auf den sich kontinuierlich wiederholenden Geschichtsverlauf oder wie Merteuil es formuliert als „Kette aus Gliedern und Schößen, auf die Schnur eines zufälligen Namens gereiht."[194]

Die folgende Bemerkung Valmonts über den Pöbel ist nicht als Hinweis auf einen möglichen Aufstand der Unterdrückten zu verstehen. Vielmehr zeigt sich hier die immergleiche Wiederholung eines geschichtlichen Zeitraums.

> „Mag der Pöbel sich bespringen zwischen Tür und Angel, seine Zeit ist teuer, sie kostet unser Geld, unser erhabner Beruf ist, die Zeit totzuschlagen. Er braucht den ganzen Menschen: es gibt zu viel davon. Wer die Uhren der Welt zum Stehen bringen könnte: Die Ewigkeit als Dauererektion. Die Zeit ist das Loch der Schöpfung, die ganze Menschheit paßt hinein. Dem Pöbel hat es die Kirche mit Gott ausgestopft, wir wissen, es ist schwarz und ohne Boden. Wenn der Pöbel die Erfahrung macht, stopft er uns nach."[195]

Dabei sollte angemerkt sein, daß QUARTETT keinen Bruch in der Entwicklung des Werks Heiner Müllers darstellt. Einerseits hat sich zwar die Kluft zwischen Mann und Frau verschärft, andererseits sind an die einzelnen Figuren keine bestimmten Aussagen mehr geknüpft d.h. der Autor unterscheidet auch hier nicht zwischen männlich und weiblich. Mit der Kategorie des Weiblichen verbindet sich nach wie vor die absolute Verweigerung der bisherigen geschichtlichen

---

[194] Heiner Müller:"QUARTETT", in: (ders.) "Herzstück"; Berlin, 1996; S 77

Erfahrung. Doch das Opfer - hier ist vielleicht ein Unterschied zu vorherigen Stücken zu sehen - formuliert nicht nur den Aufstand, sondern erteilt in der aktiven Mordhandlung der Unterdrückungsgeschichte eine Absage.

3.5. DER AUFTRAG
Verräterische Weiblichkeit

Hier schildert der Autor eine „Erinnerung an die Revolution", wie der Untertitel des Dramas lautet. Dem Text vorangestellt ist der Hinweis auf Anna Seghers' Erzählung „Das Licht auf dem Galgen", in dem sie sich mit dem Stalinismus auseinandersetzt. In dem Gedicht MOTIV BEI A.S. aus dem Jahr 1958 hatte Müller den Stoff schon einmal vorgelegt.

Beide Texte für die Büchners „Dantons Tod" als Folie maßgebend war, beginnen mit der Beschwörung einer Erinnerung, des Jahres 1789, gebrochen durch die Erfahrung der Niederlage der Revolution. Die Ideale der Französischen Revolution werden verraten. Davon ist aber nicht nur Paris betroffen. Auch in anderen Teilen der Welt hat sich diese Niederlage vollzogen, so ist auch die Sklavenbefreiung auf Jamaica gescheitert.

Für Müller ist die Revolution der dritten Welt sinnlich, wie es sich auch mit der Erwähnung der schwarzen Brüste im Zusammenhang mit dem gescheiterten Revolutionär Debuisson zeigt.

Mit dem allegorischen Bild der Frau betont Heiner Müller hier die Sinnlichkeit der Revolution in der Dritten Welt im Gegensatz zu der mißlungenen weißen Revolution in Europa. Dabei verbindet er mit der Sinnlichkeit eine zentrale Hoffnung auf eine bessere Welt.

> „Die Entgrenzung von Genuß und Sexualität ist Bedingung einer humaneren Kultur. Dabei geht es um die Tierwerdung des Menschen, die Versöhnung mit seiner Animalität [...]."[196]

---

[195] Heiner Müller: "QUARTETT", in: (ders.) "Herzstück"; Berlin, 1996; S 75
[196] Heiner Müller: "Gesammelte Irrtümer 1"; 1. Auflage, Frankfurt am Main, 1986; S. 76

Desweiteren betont das Stück den Zusammenhang von Schönheit bzw. Genuß und Verrat, welche die Gegenpole der Revolution ausmachen. Das ist nach Heiner Müller so zu verstehen:

> „In der Zeit des Verrats sind die Landschaften schön - Im AUFTRAG sagt das der Debuisson in dem Moment, als er zum ersten Mal über den Verrat an seinem revolutionären Auftrag, nämlich den Verrat anzuzetteln, nachdenkt. In dem Moment bemerkt er, wie schön Jamaica ist. Er hätte die Möglichkeit, diese schöne Gegend zu übernehmen, weil er dort eine Plantage hat. Verrat hat also auch mit Besitz zu tun, mit Geld, mit der Möglichkeit nach Mallorca zu fliegen."[197]

Der ehemalige Revolutionär Antoine erhält eine Nachricht vom Totenbett seines Genossen Galloudec, daß er den Auftrag der Revolution zu Ende bringen soll, aber er weist ihn zurück und verleugnet seine revolutionäre Vergangenheit. Antoine verleugnet die Revolution, weil Frankreich keine Republik mehr ist und sich Napoleon zum Kaiser hat ausrufen lassen. Er hängt sein Fähnlein nach dem Wind, denn

> „Mit vollem Mund redet es sich leichter über eine verlorene Revolution. Blut geronnen zu Medaillenblech. Die Bauern wußten es auch nicht besser wie. Und vielleicht hatten sie recht, wie. Der Handel blüht. Denen auf Haiti geben wir jetzt ihre Erde zu fressen. Das war die Negerrepublik. Die Freiheit führt das Volk auf die Barrikaden, und wenn die Toten erwachen trägt sie Uniform. Ich werde dir jetzt ein Geheimnis verraten: sie ist auch nur eine Hure. Und ich kann schon darüber lachen."[198]

Der Opportunist Antoine äußert hier eine zynisch-fatalistische Einstellung. Er hat seine Ideale aufgegeben. Die Freiheit ist für ihn wie eine Hure käuflich. Er ist gelenkt vom Besitzstreben, welches für die angenehmen Seiten des Kapitalismus steht. Und doch sehnt er sich nach seiner großen Zeit, der revolutionären Zeit zurück. Auch er entspricht dem gespaltenen Hamletdarsteller und weist ähnliche Charakterzüge auf wie die Hedonisten in den Produktionsstücken. Dabei ist seine Frau eine angepaßte Person, die wie die Frauen in den Produktionsstücken nur beim Verrichten häuslicher Arbeit in Aktion tritt.

---

[197] Heiner Müller: "Gesammelte Irrtümer 1"; 1. Auflage, Frankfurt am Main, 1986; S. 121
[198] Heiner Müller: "DER AUFTRAG"; in: (ders.) "Revolutionsstücke"; Stuttgart, 1985; S. 50

Müller macht die gescheiterte Revolution am Bild einer Frau fest, deren sexuelle Attribute, Brüste, Schenkel, Vagina keinen Reiz mehr auf den Mann ausüben.

> „ANTOINE Es paßt ihr nicht, wenn ich von meiner großen Zeit rede. Vor mir hat die Gironde gezittert. Sieh sie dir an, mein Frankreich. Die Brüste ausge-laugt. Zwischen den Schenkeln die Wüste. [...]"[199]

Auch durch sexuellen Genuß kann er sich nicht von seinen Schuldgefühlen ablenken, wie es sich im Auftritt des Engels, direkt nach dem Beischlaf zeigt. Hier wird aus dem glücklosen Engel, der Engel der Verzweiflung mit einer weiblichen Stimme.

> „FRAU STIMME
> Ich bin der Engel der Verzweiflung. Mit meinen Händen teile ich den Rausch aus, die Betäubung, das Vergessen, Lust, Qual der Leiber. Meine Rede ist das Schweigen, mein Gesang der Schrei. Im Schatten meiner Flügel wohnt der Schrecken. Meine Hoffnung ist der letzte Atem. Meine Hoffnung ist die erste Schlacht. Ich bin das Messer mit dem der Tote seinen Sarg aufsprengt. Ich bin der sein wird. Mein Flug ist der Aufstand, mein Himmel der Abgrund von morgen."[200]

Danach fangen die Toten an zu sprechen. Sie berichten von ihrer Niederlage. Doch dadurch beginnt der Flug des Engels erneut. Er bricht die Särge der Toten auf und befreit die Vergangenheit. Mit ihr kann das Kontinuum gesprengt werden. Geschichte kann beginnen. Ihr Ort heißt jetzt Afrika, Asien, Lateinamerika, die dritte Welt.

Die Metapher des glücklosen Engels, seine Versteinerung, aber auch die Utopie seines Aufstands, ist ein Topos, der die Arbeiten Heiner Müllers von Beginn an übergreifend bestimmt hat. Immer geht es um das Benennen historischer Erfahrungen.

---

[199] Heiner Müller: "DER AUFTRAG"; in: (ders.) "Revolutionsstücke"; Stuttgart, 1985; S. 51

[200] Heiner Müller: "DER AUFTRAG"; in: (ders.) "Revolutionsstücke"; Stuttgart, 1985; S. 52

Im AUFTRAG ist „Die Revolution ist die Maske des Todes. Der Tod ist die Maske der Revolution."[201]

Doch in der Entscheidungssituation wird der Verräter, der weiße Bürger Debuisson, nicht getötet. Vielmehr bleibt er mit seiner Angst „Vor der Schönheit der Welt"[202], der Maske des Verrats allein, verurteilt dazu, auf dieser Welt glücklich zu sein.

Wie in allen Werken Heiner Müllers, läßt sich auch im AUFTRAG nur noch mit Vorbehalt von Frauengestalten sprechen. Stattdessen gibt es einen weiblich konnotierten Diskurs. Die Figuren können nicht mehr mit bestimmten Personen identifiziert werden und werden zu vieldeutigen Versatzstücken in immer neuen Kontexten. „ErsteLiebe" steht nicht nur allegorisch für die HERRSCHENDE KLASSE - vorher repräsentierte die Frau immer die unterdrückte Klasse - die den schwankenden Revolutionär Debuisson wieder an seine Herkunft erinnert, es ist auch die erste Liebe des kleinen Jungen, seine Familienbindung, zu welcher der Besitz der Sklaven und des Landes gehört, das er liebt, sowie die erste Liebe des Erwachsenen, deren Erinnerungswert sich belebt im Augenblick der Wehmut und des Zweifels am Sinn seines politischen Auftrags, diese Klasse und die von ihr determinierten Besitzverhältnisse zu zerstören.

„ERSTE LIEBE
Du brauchst keine Angst zu haben, kleiner Victor. Nicht vor mir. Nicht vor deiner ersten Liebe. Die du betrogen hast mit der Revolution, deiner blutbeschmierten zweiten. Mit der du dich in der Gosse gewälzt hast zehn Jahre lang in Konkurrenz mit dem Pöbel. Oder in den Leichenhallen, wo sie ihre Beute zählt. Ich rieche ihr Parfüm aus Stallmist, Tränen, kleiner Victor. Hast du sie so sehr geliebt. Ach Debuisson. Ich hab es dir gesagt, sie ist eine Hure. Die Schlange mit der blutsaufenden Scham [...]."[203]

---

[201] Heiner Müller: "DER AUFTRAG"; in: (ders.) "Revolutionsstücke"; Stuttgart, 1985; S. 56

[202] Heiner Müller: "DER AUFTRAG"; in: (ders.) "Revolutionsstücke"; Stuttgart, 1985; S. 57

[203] Heiner Müller: "DER AUFTRAG"; in: (ders.) "Revolutionsstücke"; Stuttgart, 1985; S. 57

ErsteLiebe vergleicht die Revolution mit einer Schlange, einer Vagina, die Blut säuft, die den Mann kastriert, ihn seiner Männlichkeit beraubt. Dieses Bild verstärkt den Fatalismus der gescheiterten Revolution, steht aber andererseits für die Schwäche der männlichen Figur Debuisson, der seine Ideale verraten hat. ErsteLiebe macht auch die Verkettung des Menschen mit seiner Herkunft deutlich. Wieder ist die Mutter das universelle Startloch:

> „Das ist der Mensch: seine erste Heimat ist die Mutter, ein Gefängnis. (*Sklaven heben der Mutter im Schrank die Röcke über den Kopf.*). Hier klafft sie, die Heimat, hier gähnt er, der Schoß der Familie. Sag ein Wort, wenn du zurück willst und sie stopft dich hinein, die Idiotin, die ewige Mutter."[204]

ErsteLiebe klagt Debuisson für seine Feigheit an. Er ist gefangen in der Geschichte seiner Herkunft. Seine Mutter ist ein Gefängnis. Sie hat seine gesellschaftliche Stellung festgelegt, von der er sich auch zugunsten der Revolution nicht befreien kann. Indem er die Revolution verrät, kriecht er also zurück in den Mutterschoß, den Schoß der kapitalistischen Hydra, der in diesem Zusammenhang mit einer trügerischen Sicherheit durch die stromlinienförmige Anpassung an die gesellschaftliche Situation gleichzusetzen ist.

Die Kraft der Zerstörung, die von ErsteLiebe ausgeht, sie zur Personifikation des Verrats macht, verbindet sie außerdem mit den anderen erniedrigten und aufbegehrenden Frauengestalten, weist ihnen allen die Funktion zu, stellvertretend für die Männer zum Haß befähigt zu sein.

Zwar sind in der Gesamtheit des Werks die Aspekte Emanzipationswillen, Verweigerung, Aufstand, Haß, Tod, Verzweiflung ebenso wie die allegorischen Bedeutungen Deutschland, Partei an der Macht, herrschende Klasse oder Zukunft auch von Männergestalten repräsentiert. Dennoch verlagert sich das aggressiv-pessimistische Element zunehmend auf die Frauen, während der männliche Diskurs weiterhin passive, schwächliche, träge-melancholische, infantile Momente aufweist. So versagen Heiner Müllers Intellektuelle in der gesellschaftlichen Realität Gundling, Schiller, Kleist, Lessing, Hamlet, Debuisson reagieren angesichts der preußischen Herrschaft, der Ruinen Europas, der ge-

---

[204] Heiner Müller: "DER AUFTRAG"; in: (ders.) "Revolutionsstücke"; Stuttgart, 1985; S. 57

113

scheiterten Revolution hilflos, oder schieben Entscheidungen und Taten vor sich her.

Speziell die deutsche Geschichte als Geschichte verpaßter Gelegenheiten ist für Müller geprägt von der Misere der Intellektuellen. Diese desolate Lage hängt für ihn nicht nur mit dem wissenschaftlichen Objektivismus, mit dem aufklärerischen Modell von Veränderung zusammen, unzureichend für die Aufhebung von Verdrängungen (z.B. die des Faschismus) und zur Erfüllung von sinnlichen Wünschen, sondern auch mit der Unterdrückung der Frau.

Im Gegensatz zu den starken Frauen sind die Männer Versager, wie auch Debuisson, der sich vom Verrat verführen läßt.

„Debuisson schloß die Augen gegen die Versuchung seiner ersten Liebe ins Gesicht zu sehen, die der Verrat war. [...] Der Verrat zeigte lächelnd seine Brüste, spreizte schweigend die Schenkel, seine Schönheit traf Debuisson wie ein Beil."[205]

---

[205] Heiner Müller: "DER AUFTRAG"; in: (ders.) "Revolutionsstücke"; Stuttgart, 1985; S. 57

Schlußwort

In Heiner Müllers dramatischem Werk spielen die Frauenfiguren immer die tragenden Rollen. Von den Produktionsstücken, in denen es in erster Linie um den Aufbau der DDR und die spezifische Rolle der Frau in der sozialistischen Gesellschaft geht, über die Dramen mit mythologischen Versatzstücken bis hin zu den Geschichtsdramen - immer wieder sind es die Frauen an denen zentrale Konflikte, Hoffnungen und Zukunftsausblicke festgemacht werden.

Wie auch das Scheitern der DDR, der Ausbruch aus einer gewalttätigen historischen Kontinuität, die neue Konzeption zwischenmenschlicher Beziehungen. Die Kernthematik des Müllerschen Oeuvres ist von den Frauen bestimmt. Sie machen eine Entwicklung durch, befreien sich von männlicher Vorherrschaft, suchen nach neuen Lebensformen, während die Männer den starken Frauen ängstlich und verzagt gegenüberstehen.

Im Stück LOHNDRÜCKER skizziert der Autor einen Staat, dessen Produktivität vor allem an der männlich-opportunistischen Arbeitshaltung scheitert. Die Frauen stellen sich hier vor allem als Gehilfinnen des Mannes dar, ohne dafür honoriert zu werden oder gesellschaftliche Anerkennung zu erhalten. Die einzige weibliche Identifikationsmöglichkeit ist für die Frau unabdingbar mit dem Mann verknüpft, dem sie als moralische Stütze hilfreich zur Seite stehen darf. Sie erfüllt die traditionelle weibliche Rolle des Heimchens am Herd und bleibt weitgehend stumm. Doch wenn es darum geht, individuelle Wünsche zu formulieren, fungieren die Frauen als Sprachrohr. Ihr Schweigen ist Ausdruck für die auch im Sozialismus immer noch existierenden Klassenunterschiede. Müller zeigt, daß es immer noch eine unterdrückte Klasse gibt und die ist weiblich. Auf parodistische Weise führt der Autor vor, daß in der DDR alle gleich sind, doch die Männer sind gleicher. Dieses Motiv beherrscht das Drama DIE KORREKTUR. Hier portraitiert er Frauen vor allem aus der Sicht der Männer. Dabei wird die Angst der Männer vor der weiblichen Sexualität und der weiblichen Stärke schon angedeutet. Eine herausragende Funktion hat die „Fundamente"-Szene, in der die Arbeiterin zum solidarischen Korrektiv zu den opportunistischen Männern wird. Sie setzt sich für die Belange einer durch Arbeitsunfall verletzten Kollegin ein. Müller zeigt hier den Bezug der Frau zu allen unterdrückten Klassen und macht deutlich, daß ein wesentlicher Grund für den kränkelnden Sozialismus auch die Unterdrückung der Frau war. Denn die Geichberechtigung der Frau ist ein staatstragendes Fundament, welches der DDR fehlte. Ohne diese Basis war der Arbeiter- und Bauernstaat zum Scheitern verurteilt.

In dem Stück DIE BAUERN zeigt Müller dann wieder durchweg positive Eigenschaften der Frauen als eine nicht begriffene Chance im sozialistischen Staat; anhand weiblicher Verhaltensmuster macht er alle Kritikpunkte fest, an denen der sozialistische Staat krankte: Unterdrückung der Sinnlichkeit durch puritanische Moralvorstellungen, opportunistisch-faschistoides männliches Machtstreben. Strukturen, denen die Frau Solidarität und idealistisches Engagement entgegensetzt. Zwei Frauen, Niet und Schmulka, sind die zentralen Figuren. Niet macht sich von der männlichen Bevormundung durch den patriarchalischen Vater ihres ungeborenen Kindes frei und lehnt auch das Angebot eines anderen Mannes ab, sie zu versorgen. Zusammen mit einer anderen Frau übernimmt sie eine freigewordene Bauernstelle, wird somit nicht nur zur Selbstversorgerin, sondern zu einem nützlichen Mitglied der sozialistischen Produktion.

Die sinnliche Schmulka rebelliert gegen sexuelle Unterdrückung und repressive Moralvorstellungen. Wieder ist die weibliche Emanzipation Grundvoraussetzung für das Funktionieren des sozialistischen Staates. Der hoffnungsvolle Aufbruch geht nur von den Frauen aus, neben denen die Männer blaß und farblos erscheinen. Sie verharren in ihrer bierseligen Depression, schwärmen von alten Zeiten im Kessel von Stalingrad und hängen Träumen von einer besseren Zukunft nach, ohne sie selbst in die Hand zu nehmen wie die Frauen. Die Frauen sind eindeutig die besseren Sozialisten.

Diese Tendenz tritt im Drama DER BAU noch deutlicher in den Vordergrund. In diesem Stück gelingt es einer Frau eine ganze Baubrigade umzukrempeln. Mit durchaus weiblichen Mitteln, setzt sich die Ingenieurin Schlee gegen die ihr zunächst feindlich gesonnenen Arbeiter durch. Ihr uneheliches Kind wird zum Zeichen der Hoffnung und wieder zum Kritikpunkt am sozialistischen System, in dem eine Parteigröße sein Kind verleugnet, um seinen Aufstieg in der Partei nicht zu gefährden. Der Einstellungswandel der Bauarbeiter gegenüber der weiblichen Konkurrenz unterstreicht noch einmal die Wichtigkeit weiblicher Beteiligung in allen gesellschaftlichen Bereichen, denn so stellt Müller es hier dar, die Männer können noch viel von den Frauen lernen, sogar auf einer Baustelle. Dennoch wird in den Produktionsstücken auch schon ein bedrohliches Element der Weiblichkeit evident. Aus der Sicht der männlichen Figuren gefährdet die Frau als entfesselte Naturgewalt den Sozialismus. So wird Sexualität in DER BAU von einem Mann als „Beischlaf mit einer Bombe" betituliert. Das spiegelt die Tendenz der Männer wieder, den Vormarsch der Frauen durch sexuelle Repression aufzuhalten, auch weil sie ihre sexuelle Vormachtstellung gefährdet sehen.

Im 2. Teil der Arbeit zeigt sich durch die Vermischung von realer Handlung mit Mythen, daß Müller in der Frau nicht nur die bessere Genossin und Revolutionärin sieht, sondern er stellt sie auch als Repräsentantin der unterdrückten Klassen ins Zentrum eines universellen geschichtlichen Bezugsrahmens. Es liegt in der Hand der Frau den Kreislauf der barbarischen Kriege zu unterbrechen.

Daschas Transformation von der Hausfrau zur Revolutionärin bietet auch keine Löung für dieses Dilemma, sondern nur den Ausgangspunkt der weiblichen bzw. der universellen Befreiung der Unterdrückten. Denn die Frau adaptiert männliche Eigenschaften bzw. die Eigenschaften der Herrschenden. Sie wird zur Revolutionärin mit Phallus. Müller setzt Dascha in Verbindung zur mythologischen Figur der Medea, als der ersten Frau in der Menschheitsgeschichte, die ihre Mutterschaft negiert und sich mit einem radikalen Schnitt, dem Kindesmord, von der männlichen Vorherrschaft befreit. Doch auch sie steht in einem universalen Zusammenhang, denn sie ist Revolutionärin und Repräsentantin der unterdrückten Klassen schlechthin. Sie vertritt das Proletariat, während die proletenhaften Männer sich immer wieder als Vertreter der herrschenden Klasse, der Bourgeoisie entlarven. Die Sympathie des Autors gilt eineutig der Frau. Anhand der Konflikte in zwischenmenschlichen Beziehungen zeigt der Autor die Chance für einen Neuanfang. Der leere Raum nach der Revolution muß mit neuen Formen des Miteinanders gefüllt werden. Und wieder geht auch hier die Wandlung nur von der Frau aus, denn der Kriegsheimkehrer Gleb hat seine alte Frau erwartet. Er hat nicht darüber nachgedacht, was sie in seiner Abwesenheit durchgemacht haben könnte. Also erwartet er von seiner Frau, daß sie ihrer Rolle treu bleibt. Umso härter trifft ihn der Schock bei seiner Heimkehr. Müller dezentralisiert die Rolle des männlichen Helden und stellt dafür die Frau in den Mittelpunkt. Die Frauen durchleben die zentralen Konflikte. Doch die Männer in den Dramen versuchen sich zu rächen, indem sie der Frau die Schuld für die geschichtliche Misere zuschieben. In der männlichen Sprache werden die Mütter zu Mörderinnen.

Im MEDEASPIEL zeigt Müller dann die Rollenzerreißung der Frau in der reduzierten Formel von Geburt und Tod. Die Rebellion der Frau ist hier eine universale. Nicht destruktiv, sondern aggressiv fordert sie die Beendigung des Patriarchats. Sie zerreißt die Ketten der männlichen Unterdrückung, ihre Bindung an Kind und Bett. Sie negiert ihre Geschlechtlichkeit und tötet schließlich ihr Kind. Der Mann erfüllt unreflektiert seine Schlächterrolle, während die Frau zur Metapher für den geschichtlichen Prozeß wird. Letztendlich auf den Sozialismus bezogen, beinhaltet die Revolte der Frau, daß eine kapitalistische Klassengesellschaft, zu deren Konzeption Krieg, Gewalt und Machtstreben gehören, negiert und zerstört wird. Also steht hier wieder die aktiv in den Geschichtsporzeß eingreifende Frau dem passiven Mann gegenüber. Mit dem MEDEASPIEL führt Müller die von Marx und Engels eingeleitete Argumentation zu Ende, die in der Unterwerfung der Frau unter den Mann den geschichtlichen Prototyp für Unterdrückung sahen.

In dem Drama VERKOMMENES UFER MEDEAMATERIAL LANDSCHAFT MIT ARGONAUTEN zeigt Müller wieder eine andere Version des männlichen Argonauten-Mythos, des Mythos der frühesten Kolonisierung, wie der Autor selbst in einem Interview bemerkt. Doch bei ihm geht es in erster Linie um die Frau Medea. Hier beginnen sich die Geschlechtergrenzen zu verwischen. Es gibt keinen konkreten realen oder historischen Bezug mehr. Dieses

Stück verweist auf Müllers zunehmendes Desinteresse an einem historischen Bezugsrahmen. Die Handlung erscheint wie eine pessimistische Zukunftsvision vermischt mit mythologischen Versatzstücken. Der düsteren Endzeit-Szenerie ist der Medea-Mythos entgegengestellt. Müller portraitiert eine kapitalistische Gesellschaft, die sich selbst überlebt hat. Dabei steht wieder Medea, als die unterdrückte Frau, im Mittelpunkt, was sich deutlich an ihren dominanten, fast monologischen Sprachanteilen zeigt. Sie artikuliert ihre Wut und ist wieder die Repräsentantin der entmenschlichten Zustände in einer Welt, in der keine Kommunikation mehr stattfindet und es sowohl für männlich als auch für weiblich keine Identifikationsmöglichkeiten mehr gibt. Doch diesmal scheint auch von der Frau kaum noch ein Hoffnungsschimmer auszugehen. Sie ist auf den Grund des Sees hinabgezogen worden. Im Arm hält sie den zerstückelten Bruder, den sie Jason geopfert hat. An Medea manifestiert sich eine Endzeitvorstellung, mit der wieder eine Absage an die bisherige Geschichte verbunden ist. Statt Geburt und Neuanfang wird hier wie in ZEMENT und MEDEASPIEL die Schwangerschaft und damit Reproduktion der Geschichte negiert. Was bleibt ist das Ende, der Tod. Der Schoß der Frau wird zum Grab. Als Überreste der menschlichen Zivilisation bleiben Gestrüpp, Müll und Assoziationen. Dennoch besitzt der Medea-Mythos für Müller immer noch universale Gültigkeit, wenn er Medea mit einer Türkin in der Bundesrepublik vergleicht, die in einem feindlichen Kulturkreis lebt.

Mit dem Drama DIE HAMLETMASCHINE steuert Müller dann auf einen Endpunkt zu. Hier wird wieder, die in den Produktionsstücken schon von den ängstlichen Männern ausgedrückte Forderung - Tod den Müttern evident. Hamlet gibt seiner verräterischen Mutter die Schuld für seine Schlächter-Funktion. In den Produktionsstücken war sie schon das universale Startloch, legte die Klassenlage fest, so ist sie auch hier wieder die zentrale Ausgangsposition. Nur durch den Tod der Mutter kann der Kreislauf beendet werden. Hamlet will seine Mutter zurück zur Jungfrau vergewaltigen. Dabei ist hier wie im Intermedium „Herakles oder der Kampf gegen die Hydra" die kapitalistische Mutter gemeint, die auch den Sozialismus gebärt. Desweiteren wird die an die Frau gebundene Befreiung aus der Unterdrückungsgeschichte in der HAM-

LETMASCHINE weiter verschärft. Die Zerstörung des Schoßes, der Aufstand gegen die patriarchalische Ordung heißt nichts anderes als dem kapitalistischen System die Produktionsbasis zu entziehen. Doch Ophelia/Elektras Revolte verharrt nicht nur auf einer sprachlichen Ebene, sondern wird sogar im Keim erstickt.

Bleibt letztendlich doch alles beim alten? Werden die Revolutionäre von den alten Strukturen verschlungen wie von der kapitalistischen Hydra?

Eine endgültige Antwort auf dieses Dilemma liefert Müller nicht. Dennoch bleibt festzuhalten, daß der Befreiungskampf wenigstens schon begonnen hat.

Im Gegensatz zu Hamlet, der immer noch seine Rüstung trägt, hat Ophelia ihm eine generelle Absage voraus, auch wenn sie zur Strafe gefesselt und geknebelt wird, ist die zentrale Antriebskraft weiblich determiniert.

Ein weiterer Aspekt für emanzipatorische Gedanken Müllers ist, daß sich der Dramatiker auch des Problems seiner männlichen Autorschaft deutlich bewußt ist. In der HAMLETMASCHINE kritisiert er männliche Dominanz in allen gesellschaftlichen und kulturellen Bereichen, vor allem in der Literatur als abgestorbene Struktur, denn dadurch ist es nicht verwunderlich, daß sich Geschichte immer nur aus dem männlichen Blickwinkel darstellt.

Der 3. Teil der Arbeit, Frau als Metapher, unterstreicht noch einmal die zentrale Stellung der Frau in Müllers Geschichtsauffassung.

In GERMANIA TOD IN BERLIN radikalisiert der Autor das Bild der Mutter. Das Drama stellt Geschichte als eine fortlaufende Verkettung von Katastrophen dar. Dabei bildet der zum Teil parodistisch dargestellte Faschismus den Höhepunkt des Grauens. Wieder sind es Frauen als einzige Figuren, die der Grausamkeit humane Elemente entgegensetzen. Die zentrale weibliche Figur ist eine Hure, die dem pessimistischen Historiendrama einen Hoffnungsschimmer verleiht. Durch ihre Verbindung mit einem Arbeiter, von dem sie am Ende sogar ein Kind erwartet, wird sie von ihrer Vorgeschichte geläutert. Schließlich sieht der sterbende ‚Held der Arbeit', der ewige Maurer in ihr sogar die wiedergeborene Rosa Luxemburg.

Die allegorische Figur der Germania steht für den Untergang Deutschlands. Mit ihr stirbt das deutsche Volk und dessen nationale Identität, falls sie je existiert hat. Deutschland wird zur geteilten Mißgeburt. Diese Sequenz wirkt sehr fatalistisch, da Müller das Ende der deutschen Nation besiegelt. Dennoch ist mit dem Tod auch wieder ein Neuanfang verbunden, den die schwangere Hure als Rosa Luxemburg verkörpert.

Eine ähnliche Tendenz weist auch das Greuelmärchen LEBEN GUNDLINGS FRIEDRICH VON PREUSSEN LESSINGS SCHLAF TRAUM SCHREI auf. Auch hier ist die mörderische Geschichte aus männlicher Sicht an das Bild der Frau als Mutter geknüpft. Doch hier verwischen sich auch wieder weibliche und männliche Komponenten. Müller beschuldigt den Vater Friedrich Wilhelm, seinen Sohn Friedrich zu einem Mörder erzogen zu haben. Nicht die Mutter macht hier die Welt zum Schlachthaus, sondern der Vater. Die Projektion von Leda mit dem Schwan zeigt demgegenüber wieder die Mutter als Schuldige, deren Tochter Helena, den Untergang Trojas zu verantworten hat.

Das Verwirrspiel QUARTETT schildert ein sexuelles Spiel mit tödlichem Ende. Wobei die verschmähte Frau ähnlich wie die mythologische Figur Phädra Rache an dem Geliebten nimmt, der sie nicht mehr will. Die Revolte der Madame Merteuil verharrt nicht mehr nur auf einer sprachlichen Ebene. Sie wird in der Rolle des Mannes aktiv und vergiftet Valmont, der eine Frau spielt. Hier zeigt sich jedoch eine Abkehr von der Konzeption der Frau als Hoffnungsträger. Wahrscheinlich hängt diese Tendenz mit einer veränderten Geschichtsauffassung Müllers zusammen, der die Hoffnung auf eine revolutionäre Veränderung in eine undefinierbare Zukunft vertagt. Dementsprechend sind an die weiblichen und männlichen Figuren keine spezifizierten Aussagen mehr geknüpft. Der Autor unterscheidet nicht mehr zwischen männlich und weiblich. Die Kategorie des Weiblichen formuliert den Aufstand nicht mehr als Eingreifen in die Geschichte oder als Hoffnung, sondern als absolute Negierung und Absage an die bisherige historische Erfahrung.

An dem allegorischen Bild der Frau in DER AUFTRAG macht Müller dann die gescheiterte Revolution fest. Hier setzt sich die Linie in Müllers Werk fort, nach der man nur mit Vorbehalt von Frauenfiguren sprechen kann. Stattdessen setzt er einen weiblich konnotierten Diskurs frei. Die weibliche ErsteLiebe steht für das schlechte Gewissen des Mannes, der in seinem revolutionären Auftrag versagt hat. Sie zeigt ihm die Verlockungen einer trügerischen Harmonie, der kapitalistisches Besitzstreben und die gesicherte Vormachtstellung der Bourgeoisie entspricht. Andererseits erinnert sie den Verräter Debuisson an seinen Auftrag, die Revolution fortzuführen Doch der Mann ist unfähig dazu. Er ist gefangen in der Geschichte seiner priviligierten Herkunft, hält verzweifelt an seinem Besitz- und Machtstreben fest. Indem er die Revolution verrät, kriecht er zurück in den Schoß der kapitalistischen Mutter, den Schoß der Hydra.

Von ErsteLiebe geht eine zerstörerische Kraft aus, die sie stellvertretend für alle weiblichen Figuren in Müllers Werk zum Haß befähigt. Demgegenüber werden die Männer, hier verkörpert durch Debuisson, immer schwächer. Träge und melancholisch verdrängen sie Entscheidungen und Taten und vertagen die Revolution aufs unbestimmte Morgen, während die Frauen laut nach Rache schreien und diese schließlich auch in die Tat umsetzen.

Abschließend bleibt festzuhalten, daß es sicherlich zu lauten Protesten führen würde, den Dramatiker Heiner Müller als Zugpferd vor den Wagen der Emanzipationsbewegung zu spannen.

Falsch verstanden ist sein Gedankengut Nährstoff für Chauvinisten und Frauenfeinde. Richtig durchleuchtet sind seine Frauen jedoch Leitfiguren für den Anspruch auf die Gleichberechtigung. Das folgende Zitat belegt meine These:

> „Für mich gibt es nur eine Definition von Kommunismus - Chancengleichheit. Das bedeutet, es muß eine gemeinsame Geschichte geben. Und wenn es eine gemeinsame Geschichte gäbe, wäre die alte Vorstellung von Geschichte, vorbei, erledigt."[206]

---

[206] Heiner Müller: "Gesammelte Irrtümer 1"; 1. Auflage, Frankfurt am Main, 1986; S. 73

Dennoch ist für Müller eine neue Weltordnung nicht gleichzeitig eine neue Wertordnung der Gleichstellung von Mann und Frau: es kann keine Gleichheit geben, weil es in der Beziehung keine Einheit geben kann. Zitat:

„[...] Denn emanzipieren kann sich nur der einzelne. [...] Richtig ist nur, was für den einzelnen, das Individuum gilt. Das fängt bei der Beziehung zwischen Mann und Frau an. Schon die Idee, daß es zwischen Mann und Frau eine Einheit geben könnte, ist falsch, denn dazu sind die Voraussetzungen viel zu verschieden. Diese Differenz kann man nur mit einem falschen Bewußtsein wegmogeln.

Liebe ist eine Metapher für falsches Bewußtsein. Der eigentliche Inhalt des Kommunismus ist die Vereinzelung, und dazu gehört auch die Abschaffung der Liebe. Kommunismus ist die totale Vereinzelung und die Anerkennung der Vereinzelung. Gemeinsamkeit ist immer eine Phrase, mit der die Invasion des Einzelnen legitimiert wird. Was man lernen muß, was Emanzipation überhaupt ausmacht, ist, Einsamkeit zu ertragen."[207]

---

[207] Heiner Müller: "Jenseits der Nation"; 2. Auflage; Köln, 1997; S. 81

Literaturverzeichnis

1. Primärliteratur

- Heiner Müller: "DER AUFTRAG"; in: (ders.): "Revolutionsstücke"; Stuttgart, 1985
- Heiner Müller: "DER BAU"; in: (ders.): "Geschichten aus der Produktion 1"; Berlin, 1974, S. 91
- Heiner Müller: "DER LOHNDRÜCKER"; in: (ders.): "Geschichten aus der Produktion 1"; Berlin,1974
- Heiner Müller: "DIE BAUERN"; in: (ders.): "Die Umsiedlerin oder das Leben auf dem Lande"; Berlin 1974
- Heiner Müller: "DIE HAMLETMASCHINE"; in: (ders.) "Revolutionsstücke"; Stuttgart, 1988
- Heiner Müller: "DIE KORREKTUR"; in: (ders.): "Geschichten aus der Produktion 1"; Berlin, 1974
- Heiner Müller: "GERMANIA TOD IN BERLIN"; in: (ders.): "Germania Tod in Berlin"; Berlin, 1996
- Heiner Müller: "LEBEN GUNDLINGS FRIEDRICH VON PREUSSEN LESSINGS SCHLAF TRAUM SCHREI"; in: (ders.): "Herzstück"; Berlin, 1996
- Heiner Müller: "MEDEASPIEL"; in: (ders.): "Die Umsiedlerin oder das Leben auf dem Lande"; Berlin, 1975
- Heiner Müller: "QUARTETT"; in: (ders.) "Herzstück"; Berlin, 1996
- Heiner Müller: "VERKOMMENES UFER MEDEAMATERIAL LANDSCHAFT MIT ARGONAUTEN"; in: (ders.): "Herzstück"; Berlin, 1983
- Heiner Müller: "ZEMENT"; in: (ders.): "Geschichten aus der Produktion 2"; Berlin, 1975

2. Sekundärliteratur

- Erhard Bethke (Hrsg.): "Friedrich der Große"; Gütersloh, 1985
- Michael Grant und John Hazel: "Lexikon der antiken Mythen und Gestalten"; 11. Auflage, München, 1995
- Bettina Gruber: "... die Göttin, die der Gott sich aus dem Kopf schnitt"; Zum Mythos von Revolution und Weiblichkeit bei Heiner Müller; in: "Frauen – Literatur - Revolution" Helga Grubitzsch, Maria Kublitz, Dorothea Mey, Ingeborg Singendonk-Heublein (Hrsg.); Pfaffenweiler, 1992
- Helen Fehevary: "Autorschaft, Geschlechtsbewußtsein und Öffentlichkeit; in: Irmela von der Lühe (Hrsg.): "Entwürfe von Frauen in der Literatur des 20. Jahrhunderts", Berlin, 1982
- Friedrich-Ebert-Stiftung (Hrsg.): "Frauen in der DDR", Bonn, 1987
- Elisabeth Frenzel: "Motive der Weltliteratur"; 4. Auflage; Stuttgart, 1992
- Ulrike Haß: "Die Frau, das Böse und Europa"; in: Heinz Ludwig Arnold: Text und Kritik, Heft 73; 2. Auflage, München, 1997
- Jost Hermand: "Braut, Mutter oder Hure? Heiner Müllers Germania und ihre Vorgeschichte"; in: (ders.): "Sieben Arten an Deutschland zu leiden", Königstein, 1979
- Carlotta von Maltzan: "Zur Bedeutung von Geschichte, Sexualität und Tod im Werk Heiner Müllers", Frankfurt am Main, 1988
- Eberhard Puntsch: "Zitatenhandbuch", 2. Auflage; München, 1996
- Genia Schulz: "Abschied von Morgen. Zu den Frauengestalten im Werk Heiner Müllers"; in: Heinz Ludwig Arnold (Hrsg.): Text und Kritik; Heft 73, München, 1982
- Manuel Simon: "Heilige, Hexe, Mutter. Der Wandel des Frauenbildes durch die Medizin im 16. Jahrhundert"; Berlin 1993
- Katherine Vanovitch: "Female Roles in Eastern German Drama 1949-1977"; Frankfurt am Main, 1982

- Florian Vaßen: "Der Tod des Körpers in der Geschichte."; in: Heinz Ludwig Arnold (Hrsg.): Text und Kritik, Heft 73; München, 1978

3. Interviews und Gespräche

- Heiner Müller: "Gesammelte Irrtümer1"; Frankfurt am Main, 1986
- Heiner Müller: "Gesammelte Irrtümer 2"; Frankfurt am Main, 1990
- Heiner Müller: "Jenseits der Nation"; 2. Auflage; Köln, 1997
- Heiner Müller: "Krieg ohne Schlacht; Köln, 1992
- Heiner Müller: "Zur Lage der Nation"; Berlin, 1990

www.ingramcontent.com/pod-product-compliance
Lightning Source LLC
Chambersburg PA
CBHW020128010526
44115CB00008B/1019